La défense est dans le pré

Timothée Dufour
avec Éric de La Chesnais

La défense est dans le pré

Les dossiers choc de l'avocat de la cause paysanne

éditions du
ROCHER

Éditions du Rocher
28, rue Comte-Félix-Gastaldi – BP 521 – 98015 Monaco

www.editionsdurocher.fr

ISBN : 978-2-268-11140-7
EAN Epub : 9782268111803

À Paulette et France, nos grand-mères respectives
qui nous ont transmis l'amour de la terre.

Préambule

Que vit au quotidien un avocat qui laisse sa robe, s'éloigne des prétoires et quitte le confort de ses bureaux parisiens pour chausser des bottes et affronter le froid et l'humidité des fermes ou la boue des champs ? Il se consacre à défendre des agriculteurs de plus en plus isolés, anéantis par des normes complexes et des règles iniques déconnectées de la réalité. Ces textes, rédigés par des techniciens à la tête bien remplie mais au cœur sec, manquent de bon sens et ne tiennent pas compte des véritables défis du terrain.

Il fait l'expérience d'une promenade à travers un monde absurde, un royaume kafkaïen où la législation pléthorique rend la vie impossible à ceux qui cultivent ardemment la terre et nous nourrissent. Ce monde, devenu fou, abandonne ses agriculteurs après les avoir encensés. C'est un univers où des néo-ruraux en quête de tranquillité reprochent aux agriculteurs de faire trop de bruit dans des campagnes où ces derniers vivent depuis des générations.

C'est dans le cadre d'un reportage que j'ai rencontré Timothée Dufour, cet avocat des paysans devenu porte-parole des acteurs de l'agriculture.

Rapidement, nous avons réalisé que nous partagions un amour profond pour nos territoires ruraux, là où se trouvent nos racines et où nous aimons tant nous ressourcer – lui en Dordogne, moi en Mayenne. Ensemble, nous avons parcouru la France, à l'écoute des doléances d'un monde rural déboussolé, souvent incompris et isolé.

Ce livre est un témoignage vivant qui illustre à quel point deux mondes – celui de la ville et celui des champs – qui devraient se comprendre et s'entraider, s'ignorent et se méprisent. D'un tribunal à l'autre, se joue un étrange vaudeville, un terrible mélodrame. Dans une France traditionnellement agricole, c'est tout le monde paysan qui lutte pour sa survie et sa reconnaissance.

Éric de La Chesnais

I
Le pot de terre contre le pot de fer

Ce dossier a été un tournant dans ma carrière d'avocat et ma vie personnelle.

Mon sillon était tout tracé.

Diplômé du barreau de Paris, fraîchement sorti d'une première expérience professionnelle à l'ambassade de France de Delhi en Inde, je m'orientais tout naturellement vers la défense des grandes entreprises de l'énergie cotées au CAC 40, avec comme terrains d'action les prétoires des tribunaux, les salles de réunion et les aéroports internationaux, m'éloignant ainsi des prés d'herbe fraîche où pâturent les vaches limousines de ma Dordogne natale. Mais la rencontre d'un illustre inconnu éleveur de chevaux et de vaches fit basculer ma vie.

Fabien Le Coidic deviendra célèbre malgré lui : son installation – qui aurait dû rester ordinaire comme tant d'autres – va connaître une médiatisation éclair jusque dans la presse outre-Manche. Il a simplement eu la malchance de poser ses valises dans un village de célébrités opposées à l'installation d'une ferme à côté de chez elles. Comment sommes-nous entrés en contact, nous qui avions des parcours professionnels si différents ? Une connaissance commune dans le secteur de l'énergie nous a mis en relation. L'objet du conflit ? Les futurs voisins de notre éleveur, des néo-ruraux, voulaient garder leur quiétude et préserver leur vision de l'agriculture. Ils l'empêchaient tout bonnement de s'installer. C'était en octobre 2020.

Trois ans après, ce litige que l'on nomma « l'affaire des vaches bretonnes d'Adainville » est plus que jamais d'actualité. J'ai franchi une à une les étapes sur ce terrain juridique instable, malgré l'opposition des riverains qui fut rude et constante. Ils sont restés impitoyables vis-à-vis de ce jeune éleveur, avec comme seul objectif de le dissuader de venir installer sa petite ferme près de chez eux. Il est vrai que ceux qui viennent s'installer à la campagne après avoir quitté une ville criarde et sale, pensent qu'ici le silence est total et ne supportent pas ne serait-ce que le bruit d'une mouche. Alors un tracteur ou des vaches, pas question !

Mais après avoir perdu sur le terrain juridique, et voulant ni plus ni moins déstabiliser son adversaire, le voisinage s'est lancé dans une bataille plus fourbe, utilisant des procédés mesquins pour parvenir à ses fins : il fallait nuire à tout prix, mais sans laisser de traces. La lettre anonyme menaçante – dont l'auteur n'a pas été formellement identifié – lui est apparue être l'arme la plus efficace pour répondre à cette stratégie de basses œuvres où tout est permis – y compris braver le droit de la propriété privée.

« Nous sommes farouchement opposés à l'installation de vaches sur les terrains que vous avez achetés. [...] Ces prés [...] forment un environnement agréable et paisible le long duquel il est doux de se balader. » Cette missive, signée en lettres capitales « VOS VOISINS » et dont le texte tient sur une feuille A4, a été déposée subrepticement, un soir de février 2023, sur la table de la cuisine de la ferme de Fabien Le Coidic, bâtisse encore en construction.

Adainville est un petit village de sept cents habitants, au sud-ouest de la capitale dans les Yvelines, marqué par une forte empreinte rurale et par des prairies naturelles, mais aussi par des résidences secondaires qui ne cessent d'attirer les Parisiens en manque de verdure... et de calme. Les confinements successifs, il est vrai, n'ont fait que renforcer l'attrait de ces maisons caractéristiques de la vallée de Chevreuse, présentées par les agences immobilières comme des refuges et des écrins de verdure pour les familles de la capitale aspirant à quitter la clameur des villes, en quête de la douce sérénité des campagnes.

La lettre est déposée au milieu des courriers, factures, formulaires administratifs et journaux, et notre agriculteur la repère bien vite. En cette froide journée hivernale de février 2023 où la nuit tombe vite, il rentre se mettre au chaud. Il est harassé. Toute la journée, il s'est occupé de ses bêtes. Et voici que des inconnus exigent de lui de ne plus en élever ou d'aller le faire ailleurs, loin d'ici, de ses terres. De quoi se mêlent le ou les auteurs de cette missive ? Ils ne connaissent visiblement rien à l'agriculture. Ils seraient incapables d'approcher une vache, ne sachant probablement pas comment se passe la traite et craignant de se salir en rentrant dans une étable, songe-t-il quelque peu dépité.

« Un retour des vaches représenterait un retour à une ruralité lourde et déplaisante qui n'a plus sa place ici. C'est une forme d'élevage rétrograde et cruelle, destinée à l'abattoir, qui va totalement à l'encontre de l'évolution des mœurs et des consciences vers moins de cruauté et moins de viande rouge dans les assiettes pour une meilleure santé humaine », poursuivent le ou les auteurs en herbe de cette méchante logorrhée. Ces derniers proposent ainsi à Fabien de faire du foin, d'accueillir des chevaux ou d'installer des moutons « pour le lait ». Amusant… quand tout un chacun sait que seule la brebis produit du lait. Le lait de mouton? Qu'ils nous expliquent comment faire! « Nous espérons que vous trouverez des options d'exploitation qui s'inscrivent dans l'esprit et l'harmonie de cet environnement », soulignent-ils avec un brin d'hypocrisie et de chantage, tout en ajoutant: « Nous comptons sur votre compréhension et bonne volonté ». En lisant de tels propos méprisants, écrits à la machine à écrire pour ne pas laisser d'indices, on pourrait penser que ce courrier émane d'antispécistes opposés à toute forme d'exploitation animale et qui se nourrissent exclusivement de végétaux. Il n'en est rien, comme la suite de l'histoire va nous le prouver.

Ce soir-là, je me trouve dans mon bureau rue Cambon, avec une vue plongeante sur la Cour des comptes, bien connue dans le monde agricole pour avoir conclu, dans un rapport de mai 2023, qu'il y avait trop de vaches en France – nos bovidés, selon cette étude, étant responsables de 11,8 % des gaz à effet de serre. J'achève un mémoire contentieux pour le compte d'un gestionnaire du réseau public de distribution de l'électricité, dans la perspective d'une audience qui se tient le surlendemain devant le tribunal de commerce de Paris. Alors que la nuit s'annonce longue et studieuse, le téléphone sonne. L'homme qui m'appelle n'est plus, aujourd'hui, un simple client. Je peux le dire sans hésiter, il est devenu un ami depuis la fin des procédures judiciaires en 2022. Fabien Le Coidic est à l'autre bout du fil.

Je sens immédiatement qu'il a air désemparé. Le ton de sa voix est grave. À vrai dire, il ne comprend pas ce qui lui arrive. Alors que la justice lui a donné pleinement raison pour demeurer avec son élevage dans l'un des coins les plus agricoles des Yvelines, il n'en peut plus, il est même las. « Ils ne veulent pas que nous montions notre projet de ferme, m'explique-t-il découragé. Ils font tout pour nous dissuader de nous installer à côté de chez eux. Ma compagne en a marre, elle menace de partir avec les enfants. » Je suis moi-même interloqué. N'ai-je pas gagné tous ces procès jusque devant le Conseil d'État, notre plus haute juridiction administrative ? Fabien Le Coidic n'a-t-il pas obtenu la validation de son projet agricole aux termes de trois procédures contentieuses engagées par les voisins entre 2020 et 2022 contre son entreprise d'élevage ?

Au moins les choses sont-elles claires à présent : cette lettre démontre, s'il en était encore besoin, le jusqu'au-boutisme délirant de ceux qui s'opposent résolument à l'installation de Fabien. Ils ont perdu sur le plan juridique. Le voisinage n'hésite pas dorénavant à agir sur un terrain plus intime avec des conséquences sur sa vie privée. Mais cela n'a aucune espèce d'importance pour ses accusateurs. Qu'il dégage, et vite !

Je me pose alors une question simple : dois-je, ou non, porter à la connaissance du grand public cette lettre qui s'apparente à l'un de ces nouveaux litiges de plus en plus nombreux dans nos campagnes ? Litiges qui sont caractéristiques, hélas, de la multiplication des actes d'intimidation à l'encontre de nos agriculteurs. Publier la lettre sur les réseaux sociaux implique au préalable de mesurer les risques qui en résultent : débordements, représailles, manifestations de masses ne sont pas à exclure. Des scénarios loin d'être anecdotiques quand on connaît la forte capacité de mobilisation du monde agricole.

Je me décide à tenter le tout pour le tout : il faut faire vite car, à cette heure avancée de l'après-midi, les rédactions des quotidiens bouclent ! Je prends néanmoins préalablement quelques avis auprès de proches conseils. Puis ma décision est prise : il faut publier une photo de la lettre infâme et la diffuser sur les réseaux sociaux avec le texte d'accompagnement suivant : « Lettre d'intimidation reçue par un éleveur dont je suis l'avocat. Hélas, c'est le quotidien de beaucoup d'agriculteurs ». Tout s'emballe. Sur Twitter (devenu X), le tweet est liké des milliers de fois en quelques secondes… pour atteindre les deux millions de vues vingt-quatre heures plus tard ! La méthode s'est indéniablement révélée plus efficace qu'une nouvelle action isolée. Cette fois ce sont des millions de personnes qui sont au courant – en un rien de temps – des problèmes absurdes que subissent, découragés, les agriculteurs sur leur terre.

La presse ne tarde pas à prendre le relais. « Yvelines : l'éleveur bio, jugé indésirable dans le village, découvre une lettre d'intimidation dans son salon », titre *Le Parisien*, dans un article publié en troisième page du quotidien. *Ouest-France* évoquera, de son côté, « un agriculteur menacé à cause de son élevage de vaches qui "n'a plus sa place ici" », reprenant quelques mots de la lettre des voisins. L'écho de ce fait divers rural prend de l'ampleur. On peut le comprendre : la France n'est-elle pas en proie à un déficit d'installations agricoles ? La moitié des paysans aura l'âge de partir à la retraite d'ici dix ans. Il faudra bien la remplacer, c'est un point sensible pour la survie de notre agriculture. Ce n'est pas en adoptant de tels comportements que les néo-ruraux y gagneront quoi que ce soit : eux aussi veulent consommer des produits agricoles sains et tracés, issus de nos fermes locales de préférence. Ils semblent faire bien peu de cas de l'avenir de la souveraineté alimentaire de la France.

Soixante-douze heures plus tard, la rédaction de BFM TV me contacte : on me propose d'intervenir en plateau dans la matinale du lendemain, animée encore à l'époque par Bruce Toussaint. Mon intervention est particulièrement suivie et j'ai eu de la chance. Je bénéficie d'une forte audience inattendue : la première prise de parole du président ukrainien Zelensky devant le Parlement européen est en effet attendue d'une minute à l'autre (elle aura finalement lieu quelques instants après mon départ du plateau). Ce matin-là, des millions de Français, stupéfaits, écoutent l'histoire de notre agriculteur que l'on cherche à déloger parce qu'il a… des vaches. C'est aussi une manière de comprendre la dure réalité des conditions du métier d'agriculteur. Mon discours est ciblé, il vise à sensibiliser le grand public et à faire adhérer une bonne partie de l'opinion à une cause juste. « Vous avez une minorité qui persiste à contester l'existence d'activités agricoles dans des territoires ruraux qui sont pourtant un espace de travail. Et ça, c'est inacceptable. » Je ne mâche pas mes mots. Autant en profiter devant les caméras pour frapper du poing sur la table médiatique.

Les réactions sont unanimes : lecteurs, élus ou journalistes éprouvent de la compassion et même de la stupéfaction. L'opinion publique comprend un peu mieux – enfin – la situation de détresse dans laquelle se trouvent ces jeunes couples de paysans :

l'intransigeance de leurs voisins, qui ne songent égoïstement qu'à leur précieuse tranquillité, interroge. Cette lettre anonyme, censée être adressée à une seule personne, s'est donc retrouvée – d'une certaine manière – dans la salle à manger de tous les Français. Ceux qui aiment leurs agriculteurs ont perçu le malaise naissant : les agriculteurs français se sentent en effet paradoxalement mal aimés dans leur propre pays, par des habitants qui les accusent d'être des pollueurs, de maltraiter leurs animaux ou encore de ne pas respecter la nature.

Il faut remonter un peu dans le temps pour comprendre comment on en est arrivé là. L'affaire des vaches bretonnes d'Adainville n'aurait dû être, à l'origine, qu'une banale histoire d'installation programmée par un amoureux de la nature et de l'agriculture.

En prenant l'exemple de l'affaire Le Coidic, le grand quotidien anglais *The Times* n'avait-il pas dédié une page entière en décembre 2020 sur cette fracture entre les villes et les campagnes ? Son correspondant, Charles Bremner, avait résumé l'affaire ainsi : « *The lingering mutual suspicion of French town and country types has been stirred by a dispute over an organic farm outside Paris.* » Ce que l'on peut traduire ainsi dans la langue de Molière : « La méfiance mutuelle persistante entre les citadins et les ruraux français a été attisée par un différend relatif à une ferme bio en banlieue de Paris. »

Un bref retour en arrière permet de comprendre les tenants et aboutissants de l'affaire Le Coidic, qui illustre comment la difficulté des agriculteurs n'est pas uniquement liée à la multiplication des normes administratives et environnementales. Il est aussi question de l'attitude de voisins schizophrènes – je pèse le terme – qui veulent plus de denrées agricoles locales, mais à condition qu'elles soient produites le plus loin possible de chez eux !

*

En avril 2020, soit un peu moins de trois ans auparavant, Fabien Le Coidic vient d'avoir quarante-trois ans. Il a acquis une quarantaine d'hectares de prairies arborées à Adainville. Dans ce cadre magnifique et tranquille, où les fermes sont rares, la compétitivité et l'agrandissement à tous crins des exploitations sont passés par là. Alors accueillir de jeunes agriculteurs pour qu'ils installent un élevage bio de vaches et de chevaux dans un espace raisonnable et limité aurait dû susciter l'engouement.

En effet, l'élevage permet de redonner vie à de petites parcelles, souvent escarpées en fond de vallée, qui ne conviennent pas aux grandes cultures comme le blé, le maïs ou le colza. C'est également bon pour la biodiversité et la lutte contre le dérèglement climatique, car les prairies captent du carbone. En outre, le nombre des animaux est réduit et leur émission de méthane ne va pas déséquilibrer défavorablement le bilan carbone de l'exploitation. Autant d'arguments qui pèsent en faveur du projet de Fabien Le Coidic. Les plans sont prêts à être exécutés. Le dossier de permis de construire vient d'être accepté par le service d'urbanisme de la commune. Le maire du village, Jean-Marc Raimondo, se réjouit ouvertement de l'installation de cette nouvelle ferme censée contribuer au développement économique, mais aussi pédagogique, de son territoire.

Fabien participe, en réalité, à la relève de l'agriculture française dans un modèle plus raisonné et à taille humaine. Il faut favoriser ces exploitations à côté de grands domaines céréaliers. La cohabitation est nécessaire. Les fermes d'élevage assurent aussi des débouchés aux céréales dans l'alimentation du bétail et la litière des animaux, avec la paille. Notre éleveur fait donc partie de ces passionnés qui veulent cultiver l'excellence. Du reste, au-delà de sa seule casquette d'éleveur, il a revendiqué sa volonté d'attacher une importance particulière à la conservation d'espèces menacées comme la bretonne pie noire qui ne compte plus que 2500 spécimens. Un vrai combat qui devrait normalement sensibiliser les plus réfractaires ! Normalement… Aujourd'hui cette vache caractéristique de nos élevages a de nouveau le vent en poupe dans une période où l'agroécologie est recommandée par les pouvoirs publics, ainsi que la recherche de produits alimentaires de qualité. Telle la subtile viande persillée, avec son bon gras, dont fait partie cette petite race de vache reconnue pour ses qualités de rusticité, de sobriété et de performance alimentaire.

Fabien, soucieux du travail bien fait, a même eu les honneurs du Salon international de l'agriculture à Paris en 2017 : il a décroché le premier prix en fauchage-pâturage pour ses prairies bio ! Une reconnaissance au plus haut niveau de son travail exigeant. Et une distinction obtenue de haute lutte : la concurrence était rude cette année-là. Fabien avait pris le risque de mettre en valeur l'une des plus vieilles races de France. L'éleveur tenace vient ainsi démentir les critiques selon lesquelles les agriculteurs n'ont pour seule vocation que d'exploiter la terre sans scrupule, d'en tirer profit au détriment de l'environnement et des animaux qu'ils élèvent. Preuve en est la taille très modeste de son cheptel et sa condition d'élevage extensif en plein air.

Fabien est agriculteur, soit. Mais aussi – n'en déplaise à certains – profondément écologiste. Oui, l'homme est soucieux de préserver la biodiversité. Et cette profession de foi commence par le choix même des animaux qui vont composer son élevage : ce sont des bêtes adaptées aux conditions climatiques des lieux où elles pâturent. N'en doutons pas : Fabien est un sérieux défenseur de l'environnement, plus par conviction que par idéologie et dogmatisme. Mais cette euphorie est vite dissipée lorsque, en plein mois de juin 2020, il reçoit le mémoire introduit devant le tribunal administratif de Versailles par les coriaces voisins – lesquels habitent pourtant à plus de 600 mètres de son programme d'installation. Ils demandent, ni plus, ni moins, l'annulation du permis de construire portant création d'une ferme. Ce n'est pourtant pas un simple permis de construire parmi d'autres. C'est celui qui permet la concrétisation d'un projet de vie : une idée qu'il porte et prépare dans ses moindres détails depuis des années avec sa compagne Agathe. Mais ce jour-là, il comprend que leur rêve à tous les deux peut rapidement se transformer en un interminable cauchemar juridique…

C'est que face à lui, les plaignants sont déterminés. Ils ont surtout les moyens financiers de briser leur programme agricole pourtant pleinement adapté à la topographie de cette campagne du sud-ouest parisien. Des moyens et du pouvoir ! Comme la presse l'a abondamment relevé, l'habitante la plus proche est la patronne d'une grande maison d'édition française. Quoique parler « d'habitante » soit un bien grand mot. « Habiter » n'est pas le bon verbe… Disons qu'elle réside dans sa maison quelques semaines dans l'année. Et encore, récemment, Fabien m'expliquait ne pas l'avoir croisée pendant plus d'un an.

Quant aux autres voisins, dont la maison est encore plus loin, à plus de 700 mètres de là, ce sont pour la plupart des gestionnaires de grande fortune ou des avocats de cabinets d'affaires parisiens. Des citadins qui, dès qu'ils ont un peu de temps libre, fuient la ville et ses nuisances pensant retrouver à la campagne un monde sans bruit, sans odeur et sans voisin. Ils oublient simplement que c'est aussi un endroit où des hommes et des femmes vivent et travaillent à l'année, dans des conditions bien plus pénibles que celles des bureaux confortables et bien chauffés.

Fabien savait que ses voisins récalcitrants n'étaient pas n'importe qui. Il a refusé de prendre cet aspect des choses en compte. Pourtant plusieurs signaux auraient pu l'interpeller ! Lors d'une réunion d'information publique concernant l'évolution de son programme, il avait pourtant clairement entendu la menace de l'un de ses accusateurs, déterminé à aller jusque devant la Cour européenne des droits de l'homme pour s'opposer à sa venue et à celle de ses bêtes. Argument massue : elles émettraient de puissantes odeurs pouvant attirer des nuées de mouches et pourraient faire du bruit même la nuit.

Fabien ne peut oublier, encore aujourd'hui, le visage plein de mépris de l'une de ses voisines. Avide de connaître le portrait de cette agriculture familiale, elle lui avait rendu visite quelques semaines plus tôt pour cerner l'homme et s'assurer de la compatibilité de son programme d'élevage avec l'environnement. Elle s'estimait probablement en être la garante. Le plus merveilleux chez cette écolo-humaniste, c'est qu'elle ne s'est jamais adressée directement à notre éleveur. C'est un tiers, l'accompagnant en toute occasion, qui faisait l'interface avec Fabien et lui parlait. Drôle de dialogue ! On avait l'impression qu'elle le traitait comme un manant. Lui parler directement n'était sans doute pas de sa condition. Le servage est pourtant aboli depuis longtemps.

Plus généralement, c'est aussi ce mépris de classe larvé entre des gens « propres sur eux » d'un côté – qui estiment représenter le clan du bien, du savoir et de la raison – et les « bouseux » de l'autre qui n'ont qu'à se taire. Aussi caricatural que cela puisse paraître à certains lecteurs, les premiers ont parfois tendance à assimiler les seconds à des « arriérés » et des « illettrés ». Sauf évidemment quand ils ont besoin d'eux : comme ce fut le cas lors de la pénible période du Covid, en 2020. Sans les paysans, nous aurions eu probablement de sérieuses carences alimentaires et nos repas auraient été nettement plus mornes. Une condescendance insupportable qui a provoqué, entre autres, la révolte paysanne de 2024. Ne nous faisons pas d'illusion : elle couve encore et n'attend qu'une étincelle pour repartir.

Fabien se souvient aussi de cette étrange conversation avec un agriculteur qui aurait pu l'alerter sur la réalité de la situation : son interlocuteur lui annonçait renoncer à l'acquisition des parcelles en question, mais sans en expliquer les réelles motivations. Autrement dit : avait-il été mis au courant du possible contentieux avec des voisins d'avance hostiles à toute installation agricole dans le coin ?

Quand je prends connaissance du mémoire des plaignants, en octobre 2020, je suis encore un avocat qui traite principalement de gros dossiers dans le secteur de l'énergie : opérations immobilières, fusions et acquisitions sont au cœur de l'activité du premier cabinet qui m'a accueilli. Me voici donc sur un nouveau terrain à défricher. Et c'est une affaire d'un tout autre genre, que je décide de prendre à bras-le-corps. Loin des valorisations boursières, loin des stratégies économiques, un jeune éleveur désemparé prénommé Fabien entre dans ma vie professionnelle... et avec lui tout le monde agricole. C'est sans doute à ce moment précis que ma vocation de défenseur du droit et mes ambitions ont basculé: mes racines de petit-fils d'agriculteurs sont instantanément remontées à la surface. Le monde paysan et moi allions faire corps et cause commune.

À compter de ce jour, je vais me consacrer à ce dossier week-ends et nuits, en plus de mes habituelles et prenantes activités d'avocat d'affaires. C'est que je dois faire face à forte partie: le conseil choisi par les voisins n'est autre que Corinne Lepage, ténor du barreau et ancienne ministre de l'Environnement dans le gouvernement d'Alain Juppé de 1995 à 1997. Elle appartenait à ce groupe de ministres femmes un peu trop caricaturalement surnommées, j'en conviens, « les jupettes ». Certains médias, certains réseaux sociaux, n'hésiteront pas à reprocher plus tard à ma consœur de s'être opposée à un projet d'élevage bio, ce genre d'agriculture pourtant appelé de tous leurs voeux par de nombreux Français.

Quoi qu'il en soit, les accusations du voisinage à l'égard de Fabien sont pour le moins farfelues. On peut lire dans le mémoire rédigé par notre pointure en droit de l'environnement que « les voisins subissent de plein fouet les nombreuses insupportables et permanentes nuisances sanitaires, sonores et olfactives accentuées par la vitesse des vents, la pluviométrie et l'humidité de l'air ». Un véritable plaidoyer contre l'agriculture en général en faveur d'intérêts particuliers. Le *not in my back yard* (pas dans mon jardin) est ici pleinement illustré. Jusqu'au ridicule. Alors même que l'élevage envisagé est de petite taille, s'insérant parfaitement dans le territoire rural, certains voisins persistent à en contester la présence. Pourtant l'élevage serait situé suffisamment loin de leurs habitations, soit bien au-delà des distances prévues par la réglementation nationale.

La question de l'acceptabilité sociale des projets agricoles est sur la table du conflit. Contre leur gré, les vaches bretonnes pie noir se sont retrouvées au cœur d'une affaire judiciaire à rebondissements dans une commune du département des Yvelines. De quoi faire tourner le lait du matin !

*

La veille de Noël 2020, me voilà dans le train Intercités pour la Dordogne où je rejoins ma famille pour les fêtes de fin d'année. Cette ligne qui relie Paris, Orléans, Limoges et Toulouse, dénommée le POLT, est particulièrement paisible. Dans le centre de la France, on la connaît bien. Parfois considérée comme trop lente pour certains, elle est aussi peu souvent à l'heure. Mais qu'importe, c'est une autre façon de voyager et de travailler au rythme des paysages façonnés par nos agriculteurs, forestiers et chasseurs. Je l'emprunte plusieurs fois par mois.

C'est en réalité mon second bureau, mon modeste *Air Force One*, et je n'ai pas à me plaindre ni à envier le président des États-Unis dans son fameux avion personnel. À l'intérieur les sièges sont spacieux, même en seconde classe. On y trouve également des aménagements pour s'isoler. Ma capacité de travail demeure intacte, voire supérieure : les paysages qui défilent sont une source permanente d'inspiration et parfois de rêve. Dans mon Intercités, la vie parisienne trépidante, criarde, s'éloigne au rythme lent d'un train indolent.

D'abord, j'aperçois les grandes plaines céréalières du sud de Paris, longues surfaces planes déboisées… parfois parsemées d'éoliennes, gardiennes imperturbables d'une France qui se modernise. Puis viennent les panoramas contrastés de l'Indre avec ses prairies arborées. Elles alternent avec des taillis qui laissent progressivement place à de grandes forêts, des étangs et des aires marécageuses que chérissent les chasseurs. Je l'avoue : j'attends, avec l'impatience d'un enfant, de retourner chasser cet hiver. Parcourir inlassablement champs et forêts pour la chasse à la bécasse ou au cerf, fait partie de mon héritage culturel et – pourquoi le nier ? – de mes passions enracinées. Nous traversons la Sologne et le pays de Raboliot de Maurice Genevoix. Voici la gare de

Lamotte-Beuvron, là où à la mi-juin a lieu le Game Fair, le plus grand salon annuel de la chasse et de la nature en France. Chambord n'est pas loin.

En parcourant cette région, je pense aussi aux pisciculteurs dont l'activité est menacée d'extinction à cause de prédateurs ailés. Déjà l'un d'entre eux, établi dans la Brenne voisine – depuis quatre générations! –, vient de mettre la clef sous la porte. L'ensemble de la filière subit l'attaque permanente d'oiseaux protégés, dont le cormoran, qui viennent se nourrir en masse dans leurs bassins d'élevage. Si rien n'est fait, comme je l'évoquerai dans une autre affaire, elle disparaîtra corps et biens.

À partir d'Argenton-sur-Creuse tout change: le relief reprend ses droits avec des coteaux escarpés, tandis que le train serpente et ralentit. Des maisons en granit gris marquent de leur empreinte toute la région. De nombreux élevages alternent avec des pans entiers de forêts. Les grands bois gagnent du terrain avec l'abandon des fermes. Nous arrivons ensuite dans le Limousin avec ses emblématiques élevages bovins. Qui ne connaît la viande délicatement grasse des rousses vaches limousines? L'impressionnante gare cathédrale de Limoges-Bénédictins fait face à l'hôtel du même nom, surnommé depuis la nuit des temps « l'hôtel des recalés », en référence à tous ceux qui ont raté leur correspondance tardive le soir. Le POLT arrive souvent très en retard, c'est une réalité. Les voyageurs n'ont pas d'autres choix que d'attendre le lendemain leur correspondance et sont *de facto* logés par la SNCF dans cet établissement devenu un refuge pour les nomades de la nuit…

Enfin, après avoir traversé la Vienne, apparaissent Souillac et sa succession de viaducs de la fin du XIXe siècle qui ont permis de sortir de l'enclavement de nombreuses populations rurales. Au bout de ce périple de cinq heures et demie, nous arrivons enfin dans ma Dordogne natale. Ici se trouvent mes racines paysannes profondément ancrées, là où j'ai hérité de valeurs essentielles. Ici, on connaît le prix du labeur et de l'effort. J'aperçois dans les corps courbés dans nos champs, les deux cultivateurs harassés de *L'Angélus* de Millet.

C'est ici, et nulle part ailleurs, que je suis venu savourer ma victoire. Le 11 décembre 2020, le tribunal administratif de Versailles a statué en référé : le permis de construire de Fabien Le Coidic est parfaitement légal. Nous avons gagné.

Pourtant, l'audience a été particulièrement éprouvante. La partie adverse furieuse, ayant martelé jusqu'au bout de sa plaidoirie cette volonté indéfectible de stopper immédiatement un programme d'élevage jugé illégal et contraire à toutes les réglementations en vigueur, ne décolère pas. Elle ne l'entend pas de cette oreille. J'arrive à la barre. Je déroule ma plaidoirie d'une voix assurée. Je ne tremble pas face à la grande avocate qui a été à la hauteur de sa réputation. Je me sens même porté par un combat essentiel qui fait écho à mes racines, à ma famille, à mes ancêtres. Aussi, lorsqu'enfin j'en arrive à la conclusion de ma plaidoirie, je ne peux dissimuler une pointe d'émotion dans chacun des mots que je m'apprête à prononcer en guise de point final : « C'est aussi en tant que petit-fils d'éleveurs que je prends la parole, Madame la Présidente. » Cette vérité est aussi une façon d'incarner ceux qui nous nourrissent. D'incarner mon message. D'incarner une conviction. Les larmes versées par le maire du village, Jean-Marc Raimondo, lors de son intervention pleine de sensibilité et quasi improvisée, n'ont-elles pas également sensibilisé le juge administratif sur l'enjeu de taille du dossier ? D'autres questions plus classiques me taraudent. Après tout, un appel de la partie adverse devant le Conseil d'État n'est pas à exclure. Elle l'avait affirmé : elle irait jusqu'au bout et même devant la Cour européenne des droits de l'homme si nécessaire. Son obstination incohérente n'a pas de limite.

Le 23 décembre 2020, je me trouve donc dans mon bon vieux train de campagne. Il est 19 h 40. Nous accusons un retard de quinze minutes, une paille. La voix du contrôleur à l'accent rocailleux du Sud-Ouest annonce que le train va entrer en gare d'Ussel en Corrèze quand, à cet instant précis, mon téléphone vibre. La réalité judiciaire me rattrape, malgré l'éloignement géographique. Le nom de Fabien s'affiche sur l'écran. Bonne ou mauvaise nouvelle ? Il m'annonce que nos adversaires ont décidé former un recours en cassation devant le Conseil d'État. La saisine de cette instance n'est certes pas anodine. Il s'agit de la plus haute juridiction administrative, dont les décisions font autorité et peuvent faire jurisprudence. C'est un énième coup de semonce pour notre agriculteur. Il a le sentiment que ses accusateurs remontés comme des pendules lui vouent maintenant une haine sans limite. Pour une veille de Noël, on a connu des moments plus doux. La nuit est tombée. L'Intercités poursuit patiemment sa route. Dans la pénombre, on devine encore des champs à perte de vue. Nous arrivons enfin en gare de Gourdon, ma destination finale dans le Lot, à la frontière du Périgord noir et de ma Dordogne voisine.

Le lendemain, lors du marché hebdomadaire qui occupe la place de Daglan, le village et le berceau historique de ma famille, l'affaire des vaches bretonnes occupe toutes les conversations. Il est vrai que les habitants de mon village s'intéressent de près à ma carrière. Bienveillance locale et amicale qui me touche. Tout le monde sait que le *petiot* de la ferme Dufour, située à quelques kilomètres de l'emblématique cité historique de La Roque-Gageac et de la ville de Sarlat-la-Canéda, capitale du foie gras, s'est illustré face à l'ancienne ministre de l'Environnement. Mes chances de gagner sont pourtant minimes si le Conseil d'État est saisi, dit-on aussi à mots couverts. « Timothée ne gagnera pas, il a face à lui une vedette du barreau »... Voilà les mots qui me reviennent à l'oreille, petite rumeur persistante. Oh ! Rien de méchant dans ces propos. Juste la manifestation du bon sens paysan ! Pourrai-je alors le démentir, pour une fois ?

En Dordogne, les miens ont découvert l'affaire des vaches bretonnes dans *La France Agricole* et dans *L'Essor Sarladais*, la gazette locale imprimée à quelques milliers d'exemplaires, et ils ne donnent pas cher de la peau du petit. Depuis la nuit des temps, les grands les gloutonnent. Il est donc inimaginable que l'avocat du coin ait gain de cause et obtienne réparation devant les ténors du barreau de Paris. Après les médias, après l'opinion, voici que s'exprime l'avis de mes pairs. Mon cercle intime se mêle à l'affaire et malgré lui, il me met une horrible pression. Les inquiétudes formulées par le milieu local sont, hélas, fondées. L'avocate adverse n'a-t-elle pas le privilège de l'expérience ? Avocat quasi débutant à l'époque, ma ligne de défense n'est pas évidente, soudain elle me semble bien fragile. D'autant plus que le traitement du permis de construire a été bâclé et souffre d'irrégularités évidentes. Je n'en mène pas large !

*

Mais la sentence tant attendue, et qui tombe quelque quinze jours après ma courte période de repos, chez moi en Dordogne, efface d'un coup toutes nos angoisses. C'est une victoire sur toute la ligne ! Avec l'interminable attente et avec tous ceux autour de moi qui doutaient ouvertement de notre succès, je commençais sérieusement à m'inquiéter. Mais quand je parcours la presse du lendemain, je prends pleinement conscience de la réalité de notre réussite : « Validation du projet de ferme d'Adainville par le Conseil d'État », titre un quotidien après le verdict de la haute juridiction administrative. Les médias s'emparent de l'affaire et en font un cas d'école. Nous avons eu gain de cause. Et, à titre personnel, j'ai tenu tête à une grande avocate. Ce n'est pas rien pour un cadet du droit. Une décision particulièrement cruciale, validée un an plus tard par un ultime jugement rendu par le tribunal administratif de Versailles, à son tour saisi par les plaignants accrochés à leur seule vérité. La justice donne encore raison à Fabien Le Coidic. Son nom devient comme le symbole d'une lutte absurde dans une nation de tradition agricole. Il arrive encore que le pot de terre en impose au pot de fer. Rassurant.

Au total, il aura fallu dix-huit mois de procédure et trois décisions de justice pour permettre à notre éleveur de débuter le chantier de sa nouvelle étable. Un long chemin de croix judiciaire, coûteux financièrement et tout autant psychologiquement.

Un procès qui, bien entendu, aurait pu être évité par la médiation.

Fabien Le Coidic n'a pas cessé de tendre la main à ses voisins et a même montré des signes de bonne volonté vis-à-vis de ceux qui étaient devenus ses plus farouches opposants. Dès le début, il a établi des plans soignés qui éloignaient autant que possible le bâtiment des habitations les plus proches. Quitte à tripler les coûts du raccordement en électricité et en eau potable pour ce nouveau hangar. Il aurait parfaitement pu l'installer à 100 mètres de la première habitation comme le permet la réglementation en vigueur. Il a préféré l'implanter 600 mètres plus loin. Par souci d'apaisement. En vain ! Fabien n'a rien d'un procédurier. Il n'a pas du tout l'âme guerrière. Les conflits, très peu pour lui ! Il aurait dès le départ voulu réussir à cohabiter avec ses voisins. Mais quand la mauvaise foi s'en mêle, tout devient immédiatement plus compliqué.

Car ce qui obsède les voisins, c'est le nombre de bovins et d'équins qui constituerait ce cheptel et pourrait créer cette terrible, cette insupportable nuisance visuelle. Il est vrai que des vaches dans un champ, c'est comme un oranger sur un sol irlandais : ça ne se verra jamais. Disons plutôt, pour paraphraser la chanson de Bourvil, que ça ne devrait jamais se voir à Adainville. Il faut donc limiter à tout prix le nombre d'animaux. Cela implique d'avoir des gages de la part de notre éleveur. Mais la seule question qui se pose est alors celle-ci : est-il libre, oui ou non, d'accroître son cheptel ? Comme je ne cesse de le rappeler, un agriculteur n'est pas condamné à vivre dans la ferme de ses parents avec les infrastructures de ses grands-parents.

Un mur d'incompréhension s'est en réalité dressé entre les deux parties. Et avouons-le : nos interlocuteurs ont cruellement manqué de discernement, et même de diplomatie. Au beau milieu des discussions avec notre éleveur, ces merveilleuses paroles ont été prononcées par l'un de nos interlocuteurs qui s'est probablement cru à l'abri du ridicule tant il avait l'air sincère : « Pourquoi n'allez-vous pas vous installer dans l'Eure? » Nous avons alors cruellement manqué d'à-propos. J'aurais dû leur répondre que si mon client devait migrer vers l'Eure, eh bien pourquoi eux à leur tour, ne déménageraient-ils pas leur cabinet d'avocats ou le siège de leur maison d'édition parisien à Strasbourg, à Bordeaux, ou à Lille? Ils n'auraient pu qu'adhérer de bonne foi à cette équitable proposition : il leur semblait si simple de changer de région au fil des humeurs, sans se soucier le moins du monde du poids économique qu'entraîneraient de telles décisions. Cette innocente question avait, quoi qu'on en dise, des intonations de déclaration de guerre. Peut-on sérieusement suggérer à un agriculteur implanté sur une terre, de changer, en un claquement de doigts, de région pour développer son activité, lorsqu'il vient d'investir dans une exploitation en accord avec les lois communales ? Il n'y a donc pas eu de dialogue possible. Tout au mieux ce sera, pour le moment, une cohabitation forcée.

Hasard du calendrier : alors que se jouait devant les prétoires l'avenir d'un agriculteur à qui l'on reprochait, contre toute logique, les nuisances sonores et olfactives de son cheptel, le député de Lozère Pierre Morel-À-L'Huissier proposait, pour sa part, une loi visant à protéger sons et odeurs inhérents à la campagne française. On en est là. Imaginer des lois pour protéger les odeurs naturelles de nos terroirs.

Et dire que l'on cherche la simplification dans notre millefeuille administratif. Ce n'est pas gagné ! Néanmoins et devant la réalité des situations conflictuelles récurrentes, je n'hésitais pas : le 11 janvier 2021, je prenais la plume dans *Le Figaro* pour soutenir, envers et contre tout, cette proposition de loi forcément innovante dans ce contexte kafkaïen. Ma tribune s'intitulait « Ces néo-ruraux qui ont oublié que la campagne n'est pas un espace aseptisé ». Un texte dans lequel je faisais référence à l'affaire des vaches bretonnes d'Adainville pour justifier l'urgente nécessité de cette évolution législative.

La loi a été promulguée le 29 janvier 2021.

C'est aussi à ce moment que le jeune avocat, encore un peu naïf, a compris que le combat se gagnait également par voie – et voix – de presse, et pas uniquement dans les prétoires. Ce jour-là, j'ai admis, moi le défenseur des ruraux, moi le porte-parole des travailleurs de la terre, que la presse était non seulement une alliée mais aussi un formidable relais pour les causes perdues.

II
Une saine cohabitation

Loin des Yvelines, autour de l'étang du domaine de Belval dans le département des Ardennes, la cohabitation entre chasseurs venus des quatre coins de France et écologistes est une réussite.

Ici, chaque année, chasseurs et associations de protection de la nature sont les bienvenus dans ce domaine de plus de 1000 hectares, dont la Fondation François Sommer est à la fois propriétaire et gestionnaire. C'est, à mon sens, d'abord un endroit unique qui offre une riche variété d'écosystèmes: on y trouve des zones humides, des forêts et des prairies. Mais c'est aussi un lieu où l'éducation et la pédagogie sont au cœur des préoccupations: plusieurs formations théoriques et pratiques y sont régulièrement dispensées, notamment sur la gestion du gibier mais également l'aménagement du territoire et l'équilibre sylvo-cynégétique.

En janvier 2024, je me rends à Belval. Un moment évidemment hors du temps: mes habituels lourds dossiers ne pèsent plus rien... C'est une zone blanche, aucune communication ne passe. Y arriver se mérite. Après avoir affronté les bouchons des routes franciliennes, plus de deux heures et demie de voiture sont nécessaires pour parvenir à destination. Une fois traversés les grandes plaines céréalières et les coteaux de Reims, surgit alors comme un écrin de verdure cette majestueuse forêt des Ardennes.

Rendez-vous nous a été donné au pavillon de chasse de la Fondation. On le surnomme tout simplement « La Cabane ». Sur une grande table en chêne, au centre de la pièce, est disposé un couvert de fine porcelaine prêt à accueillir la trentaine de convives. Un grand feu crépite dans la cheminée. Nous allons dîner dans cette demeure rustique située au cœur d'une enclave forestière à l'heure où le règne animal reprend naturellement ses droits.

Le directeur général de la Fondation qui nous reçoit, Alban de Loisy, est un homme qui a parfaitement compris cet équilibre qui doit être absolument trouvé et respecté dans nos forêts. Une balance constante entre cette régulation nécessaire et cette soif de protection d'une biodiversité en danger dans un monde marqué par le réchauffement climatique.

Quelques jours plus tôt, des acteurs locaux de la protection de l'environnement y étaient eux-mêmes conviés. Parmi eux, le Regroupement des naturalistes ardennais (surnommé « Le Renard »… même si sa cause ne se limite pas à la protection du petit futé des forêts !), le Conservatoire d'espaces naturels était également de la fête, autant d'associations environnementales mobilisées autour du programme de conservation du domaine : chacune d'elles a sa place au même titre que les chasseurs.

Il existe des cohabitations improbables qui fonctionnent – mieux parfois qu'en politique. Quand chacun est décidé à apporter sa contribution, les bonnes volontés font des miracles. Mais ce soir-là, Belval est à nous. Nous chassons avec l'idée d'assurer cette régulation et cet équilibre nécessaires à la coexistence entre espèces et êtres humains. Exclure l'homme de la nature n'est pas la solution. On sait aussi désormais qu'un ensauvagement pur et simple de la nature, sans contrôle humain, détruit de nombreuses espèces animales et végétales parmi les plus vulnérables.

François Sommer – dont la fondation porte le nom – et sa femme Jacqueline sont morts depuis longtemps mais, ce soir-là dans le chaleureux pavillon de chasse où nous dînons, l'âme de ces deux amoureux de la nature tout entière plane encore sur nos esprits. François Sommer fut pilote d'avion, chef d'entreprise… et chasseur émérite. Ce patron social, issu d'une famille d'industriels du textile, fut également un précurseur dans l'organisation même de ses sociétés, défendant très tôt, notamment, une vision humaniste de l'entreprise : il fut l'un des premiers patrons à mettre en place un système de participation des employés dans les résultats de ses affaires.

Il n'est pas non plus en reste quand on parle écologie. Dans le domaine cynégétique, là encore, François Sommer est en avance sur son temps.

Qu'on se le dise: l'écologie n'est pas née avec les seuls Verts, ce courant politique qui émerge au mitan du xxe siècle. Elle existait bien avant! Les Sommer en sont un exemple criant. À partir de 1948, à une époque où la pensée politique écologique n'existe pas encore, le couple élève et protège les grands gibiers décimés pendant la Seconde Guerre mondiale et l'Occupation, au cœur du massif forestier de leur propriété de Belval: cerfs, daims et mouflons se réacclimatent avec succès au cœur d'un territoire de prairies, de forêts et d'étangs. Pour sensibiliser le grand public au respect de toute cette faune, le parc de Belval est inauguré et ouvert au public le 26 mai 1973, deux ans après la création de la Fondation. C'est François Sommer, là encore, qui convainc Georges Pompidou, dont il est proche, de créer un ministère chargé de la protection de la nature et de l'environnement… Bien avant que cela ne devienne une tendance puis un effet de mode et d'annonces, parfois surréalistes.

Le lendemain matin, chacun part s'installer en pleine nature, sur un point préalablement déterminé par le plan de chasse. Je suis posté sur l'un des miradors, quand j'entends un hurlement qui déchire le ciel hivernal. Un cri d'orfraie que chaque chasseur peut entendre depuis son point d'affût: s'agit-il d'un pygargue à queue blanche ou d'un balbuzard pêcheur? Que ce soit l'une ou l'autre de ces deux espèces de rapaces, elles sont protégées et, depuis quelques années, font l'objet d'un plan national d'action avec pour objectif leur réintroduction en France. Entre plusieurs coups de feu, un aigle fend le ciel et vient se jeter dans l'étang de Belval pour en ressortir quelques minutes plus tard avec un poisson bien accroché entre ses serres. Ses ailes dominent l'espace et fendent l'air. Quel magnifique spectacle.

*

Il existe un autre lieu où j'aime me perdre, un autre domaine impressionnant par la richesse de sa nature : la forêt de Chambord. L'établissement public a été traditionnellement placé « sous la haute protection du président de la République ». J'ai eu la chance de connaître Jean d'Haussonville, prédécesseur de Pierre Dubreuil, l'actuel commissaire général du domaine. Deux hommes différents. Le premier, diplomate de formation, incarne cette France de la terre par ses racines familiales. Le second, ancien directeur général de l'Office français de la biodiversité – un autre établissement public dont nous reparlerons –, représente ces hauts fonctionnaires dévoués et passionnés, au chevet de la nature. Tous deux incarnent cette complémentarité à laquelle le monde agricole doit à tout prix aspirer pour répondre et faire face aux enjeux de l'avenir. Jean d'Haussonville nous renvoie à cette pédagogie nécessaire pour expliquer à chacun d'entre nous l'importance d'une souveraineté alimentaire. Quant à Pierre Dubreuil, il illustre la prise de conscience écologique terriblement utile pour assurer la pérennité d'une pensée salutaire chez les générations futures.

Je mesure alors, dans ces deux magnifiques domaines que sont Chambord et Belval que chasse et protection de l'environnement ne sont pas antinomiques… Sauf quand des irresponsables outrepassent leur droit et tirent sur des cibles protégées. Comme cet été 2024 où deux chasseurs de l'Isère ont abattu lâchement un pygargue à queue blanche à 400 mètres de distance, pour le simple plaisir d'accrocher un nouveau trophée à leur tableau de chasse. Ce n'est pas cette chasse-là que je défends ! Elle m'écœure ! Mais la loi est là pour stopper ces exactions, et ces cas restent fort heureusement très limités.

Que permettent, au fond, Belval et Chambord ? Ces enclaves incarnent cet équilibre auquel il faudrait parvenir partout en France. Je l'appelle de tous mes vœux : en tant que chasseur, en tant qu'enfant de la campagne, en tant qu'amoureux de la nature. Car voici des domaines qui coopèrent entre eux et allient la régulation des espèces animales avec la protection de la biodiversité, loin de l'agitation parisienne médiatique et judiciaire.

Et mieux encore, elles invitent les acteurs de l'environnement, qu'ils soient agriculteurs, pêcheurs, responsables d'ONG ou agents des services de l'État, à s'imprégner d'un modèle de cohabitation réussie.

III
Opération Pygargue 08

« Vous venez de tuer un être pur. C'est un préjudice irréparable pour l'environnement, et nombreuses seront les associations à vouloir se constituer partie civile. »

Ce vendredi 5 juillet 2024, Frédéric Mahaut, pisciculteur d'une cinquantaine d'années, tombe de haut. Les propos tenus par le substitut du procureur de Troyes ne laissent planer aucun doute : il est un criminel de la pire espèce ! Le magistrat d'une trentaine d'années, qui lui parle sur ce ton intimidant et vindicatif, n'y est pas allé avec le dos de la cuillère, c'est le moins que l'on puisse dire. Récemment nommé pour réprimer les atteintes portées à l'environnement en Champagne-Ardenne, il est à la tête de l'un des trente-huit pôles régionaux de l'environnement (PRE), instaurés dans le cadre de la loi du 24 décembre 2020.

Au fond du couloir du palais de Justice, devant l'étroite porte en bois massif du bureau du substitut du procureur, le prévenu a longuement patienté sur un vieux banc, menotté comme un criminel de droit commun. Enfin il est « invité » à entrer, si l'on peut dire les choses ainsi. À l'intérieur, se dresse un large bureau derrière lequel le magistrat, immobile sur son siège, accueille froidement le prévenu. Frédéric n'est pas du tout à son aise. Le procureur, lui, semble au contraire tout à fait décontracté. Il porte une simple veste en coton et une chemise à carreaux. Il n'est pas très grand. Un collier de barbe fourni mange son menton et ses lunettes cerclées lui donnent l'allure d'un professeur de droit. Il permet à mon client de paraître « sans entraves », le policier qui l'accompagne lui libère donc les poignets. Sur son bureau trône un dossier rouge sur lequel une étiquette a été minutieusement accolée comme un code secret : « Opération Pygargue 08 » – le numéro du département des Ardennes. C'est donc le nom qui a été attribué par le Parquet à cette affaire dans laquelle Frédéric Mahaut est aujourd'hui embarqué en dépit de sa bonne foi.

Le magistrat qui reçoit le pisciculteur est très engagé dans les causes écologiques. Il a l'intention de frapper un grand coup : on ne rigole pas avec la question de la protection des espèces protégées. Pour atteindre son objectif, il n'hésite pas à mobiliser des moyens humains et financiers colossaux. Il veut faire de cette affaire un exemple. Frédéric Mahaut ne parle pas, ne répond rien aux accusations. En vérité, il n'a pas la force d'apporter la contradiction, et encore moins de se défendre. Il est sonné. Après quarante-huit heures de garde à vue, il est tout bonnement lessivé. Et détruit mentalement.

Les propos du procureur ont le goût des sentences définitives. Frédéric a surtout le sentiment, dans ce bureau, alors qu'il écoute amorphe des allégations auxquelles il ne comprend rien, d'être arrivé au bout d'un long chemin de croix. Qu'on en finisse puisqu'il est un coupable tout désigné. Quelques heures plus tôt, Frédéric faisait une entrée fracassante au siège du Parquet menotté et encadré par le peloton du PSIG, le peloton de surveillance et d'intervention de la gendarmerie de Champagne-Ardenne. Ces forces spéciales agissent d'ordinaire dans les zones particulièrement sensibles : là où les troubles à l'ordre public menacent la sécurité intérieure. Mais ici, ils accompagnent un simple contrevenant de l'environnement. Leurs impressionnantes interventions sont souvent mises en scène dans les films policiers de bonne facture : des hommes équipés de gilets pare-balles, cagoules et fusils-mitrailleurs, lancés dans des voitures à vive allure, avec sirènes et gyrophares. Tous les ingrédients pour assurer le spectacle. Sauf que cette fois, il ne s'agit pas d'une fiction, mais bel et bien d'une sombre réalité : notre éleveur ne comprend rien, il est abasourdi !

De quoi l'accuse-t-on, d'ailleurs ? D'avoir, ni plus ni moins, empoisonné sciemment une espèce protégée. C'est inacceptable, évidemment. Cependant la réalité et les faits sont, comme souvent, bien plus compliqués qu'il n'y paraît. En regardant le dossier d'un peu plus près, on comprendra sans mal la méprise.

Pour le moment, il sort libre du bureau du substitut du procureur. Pour le moment ! Il a dû s'acquitter d'une caution de dix mille euros, une somme pour un modeste éleveur en pisciculture. Dans le long couloir une voix féminine hurle son prénom : sa femme qui l'attendait, terriblement inquiète depuis le petit matin dans la salle d'attente du Parquet, court vers lui… Dans la voiture qui le ramène à sa ferme, les images des dernières heures défilent en accéléré dans sa tête, comme un mauvais film. Il est incapable de savoir s'il vient de vivre une réalité ou un cauchemar. Il aimerait se réveiller. Mais lorsqu'il tourne doucement la tête et voit le visage baigné de larmes de son épouse, il a le cœur brisé.

Il se sent pris dans une spirale infernale, broyé dans une implacable machine judiciaire. Les intentions du procureur sont claires : il veut en faire un exemple ! Il va falloir se battre, il n'a pas le choix, il le sait. Renoncer serait d'abord un déshonneur personnel. Mais cela aurait aussi un effet délétère sur la filière piscicole. Se battre, d'accord ! Mais Frédéric se sent à présent extrêmement fragile. Compte tenu de la violence des conditions d'interpellation, son médecin de famille lui a prescrit des anxiolytiques et a indiqué qu'il « présente une dépression sévère ». À la question de savoir s'il existe un risque suicidaire, l'enquête sociale datée du 4 juillet 2024 répond favorablement.

Que contient le dossier de ce bandit ? Que reproche-t-on à cette canaille ?

*

Le 3 mai 2024, la balise d'un pygargue à queue blanche, rapace diurne se nourrissant principalement de poissons – mais aussi d'autres oiseaux comme des cormorans – cesse de fonctionner. On a perdu sa trace dans un coin des Ardennes. Or il s'agit d'une espèce en voie d'extinction, raison supplémentaire d'être aux aguets.

Son propriétaire est un certain Jacques-Olivier Travers, fauconnier reconnu, à la tête de son propre parc animalier en Haute-Savoie, exclusivement consacré aux rapaces : Les Aigles du Léman. C'est un passionné de ces majestueux oiseaux approchant les trois mètres d'envergure… mais qui ont néanmoins disparu de l'Hexagone depuis le XIXe siècle, du fait de la chasse et de l'urbanisation des campagnes. L'homme est à l'origine d'un programme de réintroduction de l'espèce dont il ne reste seulement que six couples reproducteurs en liberté. Des sommes colossales ont d'ailleurs été injectées pour ce programme. Plus de deux millions d'euros selon les sources citées par les enquêteurs. On comprend d'autant mieux que la protection de ce rapace soit un enjeu sensible.

Très vite, notre homme, qui suit les mouvements de ses aigles à distance sur ses écrans, localise son protégé dont la balise GPS reste étrangement immobile au fond des Ardennes. Est-il mort ou pris dans un piège ? La balise lui a été accrochée alors qu'il était encore un aiglon d'un peu plus d'un an. Cela fait plusieurs semaines qu'il a pris son envol. Mais comment aller sur place et vérifier ce qui se passe ?

C'est finalement l'un des contacts de Jacques-Olivier, basé dans ce département du Nord de la France, qui découvre, le 4 mai, le cadavre du pygargue. Il se trouve sur le bord d'un des étangs en cascade du domaine des Bièvres à Autry… lesquels sont exploités par Frédéric Mahaut. L'oiseau avait été baptisé du nom de Michel Terrasse, en hommage à cet ornithologue mondialement connu, engagé dans la protection de ces rapaces en voie d'extinction. D'une certaine manière Terrasse est mort deux fois : l'homme le 13 janvier 2023 et l'oiseau en mai 2024. Les héritiers de Michel Terrasse avaient bien entendu donné leur approbation à ce nom de baptême, ils en avaient même conçu une certaine fierté. Cela ne correspond-il pas, du reste, à une époque où l'anthropomorphisme est de rigueur ? On attribue aux animaux des réactions et des sentiments propres aux hommes. Éternel débat. Certaines espèces protégées apparaissant, dans ce contexte, parfois mieux défendues que des êtres humains.

S'ensuit une épopée post mortem digne du traitement réservé à la victime d'un assassin en puissance. Le 25 juin, la dépouille de l'aigle est transportée en urgence au laboratoire d'analyses vétérinaires de Marcy-l'Étoile, situé à plus de 450 kilomètres du lieu du crime. Objectif : procéder à l'autopsie de l'animal. Tous ses organes vont être passés au crible.

Il faut connaître sans tarder les causes réelles du décès. L'enquête l'exige! Outre les scanners, plus de deux cents analyses sur son jabot, son gésier et son foie seront réalisées par plusieurs vétérinaires et autres experts appelés à la rescousse. La communauté scientifique conclut à une mort rapide: huit minutes, par asphyxie provoquée par l'ingérence d'un produit hautement toxique. C'en est trop pour Jacques-Olivier Travers. Le tiers des trente et un pygargues qu'il a relâchés dans le milieu naturel ont été retrouvés morts: soit à cause de tirs de chasseurs, soit par empoisonnements. Cette fois, le maître de l'animal refuse d'en rester là. Il veut absolument porter plainte. Les gendarmes lui recommandent de faire un signalement auprès des agents de l'Office français de la biodiversité (OFB), compétents dans ce domaine.

La crise agricole de mars 2024 a mis en avant cette police de l'environnement et ses méthodes très décriées par la profession agricole. Cette force publique, créée le 1er janvier 2020, est la résultante de la fusion de trois organismes d'État – Agence française de la biodiversité, Office national de la chasse et de la faune sauvage et Office national de l'eau et des milieux aquatiques – aux cultures différentes cependant: certains fonctionnaires, aguerris aux contrôles de terrain, agissent avec humanité, tandis que d'autres, au contraire, se prennent pour des commandos spéciaux. Faisant partie de ce que l'on nomme officiellement « la police de l'environnement », ils débarquent chez vous révolver à la ceinture, perquisitionnent les moindres recoins de vos habitats à la recherche du plus petit indice pouvant confondre le présumé coupable.

Ces comportements parfois outranciers de fonctionnaires devant faire respecter la réglementation environnementale, sont l'une des racines du mal-être paysan. Le passage de cette police armée dans leur ferme laisse rarement indemnes les agriculteurs. Ces contrôles sauvages annoncent presque immanquablement le début d'un long et éprouvant chemin judiciaire pour des motifs que les prévenus ne comprennent pas toujours.

Dans les Ardennes, les agents de l'OFB ne sont pas exempts de critiques dans leur manière d'agir. D'autant qu'ils ont affaire à une proie idéale : un pisciculteur solvable, qui a pignon sur rue : l'affaire va faire grand bruit dans les médias. Ils exhibent leur prise de guerre publiquement dans le journal de *L'Union* : sept d'entre eux, ainsi que trois gendarmes, posent fièrement devant le pick-up de Frédéric Mahaut saisi avec ses armes et des sachets en plastique de substances chimiques illicites, comme s'il s'agissait d'un vaste trafic de drogue démantelé. Mais pour cela, il a fallu d'abord aller perquisitionner au domicile du présumé coupable.

Le 3 juillet 2024, à 7 heures du matin, sur requête du substitut du procureur de Troyes, une vingtaine de gendarmes, agents de l'OFB et maîtres-chiens spécialement affrétés de Belgique (car il n'y en avait pas en France de disponibles), débarquent comme la cavalerie dans la ferme d'un Frédéric Mahaut effaré. Les images de la vidéosurveillance conservées par le pisciculteur sont glaçantes. On y voit l'éleveur désemparé, en caleçon, qui descend à tâtons les escaliers pour arriver dans le vestibule de sa maison : plusieurs coups violents résonnent derrière la porte d'entrée. On distingue également son épouse arrivant à son tour, pieds nus et en larmes… Aucune résistance n'est opposée par le pisciculteur qui est véritablement sonné par le débarquement d'une escouade d'officiers de gendarmerie et d'agents de l'OFB. Il a d'ailleurs reconnu l'un d'entre eux, croisé à l'occasion d'une vidange d'étang l'hiver dernier ; ils avaient discuté d'un peu de tout, d'un peu de rien et semblaient s'être bien entendus. Une séquence totalement oubliée à présent. Tout est passé au peigne fin : son domicile, ses hangars, ses véhicules, son téléphone portable et ses moindres fichiers informatiques.

Ce n'est que le début de son calvaire. Frédéric s'apprête à parcourir au pas de charge un véritable chemin de croix, bordé d'épines. La perquisition va jusqu'à ses bâtiments agricoles bâtis dans un rayon de trente kilomètres. Les agents estiment qu'il leur faut du temps pour tout vérifier, pour tout inspecter. Le substitut du procureur acquiesce et prolonge par deux fois la garde à vue du prévenu, soit donc un total de quarante-huit heures. Les raisons de ce soudain acharnement s'expliquent par une découverte vitale pour l'enquête. Les résultats de l'analyse de sang identifient la présence de traces d'un produit phytosanitaire interdit depuis 2008 : le carbofuran, une substance massivement utilisée dans les années 70 pour lutter contre les espèces invasives. L'identité de l'auteur de l'empoisonnement fatal ne fait plus aucun doute, selon les services de police sûrs de leur fait : ce ne peut être que Frédéric Mahaut compte tenu de la grande proximité entre l'étang piscicole et la découverte de l'oiseau mort.

Inutile de mentir, ce n'est pas dans la nature du pisciculteur : l'accusé reconnaît de bonne foi avoir disposé à terre des poissons empoisonnés en bordure de ses étangs. Mais il s'agissait avant tout d'éliminer les cormorans, ces nuisibles qui le dépouillent de ses poissons et lui en font perdre des quantités impressionnantes. Il n'a jamais eu l'intention de faire du mal à un aigle, qu'il sait protégé. Les cormorans sont pour lui de dangereux prédateurs, et ce sont eux qu'il visait ouvertement dans son combat pour préserver ses élevages : ces oiseaux redoutables lui pillent l'équivalent de soixante à quatre-vingt-dix mille euros de poissons par an, soit 20 % environ de son chiffre d'affaires. Et impossible de dresser des filets sur 20 à 25 hectares d'étangs poissonneux, sauf au prix d'un coût exorbitant.

*

Accordons à Frédéric Mahaut d'avoir fait tout ce qu'il pouvait pour faire cohabiter les lois de la nature et les impératifs légitimes d'un agriculteur, qui fait vivre tout à la fois une activité et une équipe. Mais que faire face à la multiplication de ces oiseaux piscivores qui dépouillent ses étangs, qu'il s'agisse de cormorans, hérons ou aigrettes? Chaque matin, c'est le même scénario cauchemardesque qui se répète: des poissons blessés par les prédateurs, qui ont manqué leur proie, flottent sur l'eau; certains évidemment n'ont pas survécu au stress ou à leurs blessures, d'autres ont fini dans le gosier des volatiles voraces.

Les conséquences de ce pillage se mesurent lors des vidanges hivernales. Ces opérations, consistant à baisser le niveau des étangs pour récupérer les poissons, s'avèrent de plus en plus catastrophiques. Une vidange, il y a quelques années, s'achevait en fin d'après-midi. C'était généralement un moment de grande convivialité qui réunissait tous les acteurs de la ruralité, qu'ils fussent paysans, bourgeois locaux, gardes forestiers, chasseurs ou ouvriers. L'exercice imposait un travail collectif, dans des conditions météorologiques souvent difficiles. Et des heures savoureuses marquées par des tablées festives. Mais cette tradition dépérit. Les vidanges s'achèvent aujourd'hui en fin de matinée, faute de retrouver les stocks de poissons espérés. La fête est gâchée. Dans quelques années, ces vidanges d'étangs deviendront inutiles. Plus de poisson. Pas la peine de se donner tout ce mal. Même cette tradition, ô combien écologique, finira dans les limbes des mémoires, effacée. Frédéric Mahaut en est persuadé.

C'est donc le sort de milliers d'étangs français qui est en jeu si rien n'est fait par les pouvoirs publics pour lutter efficacement contre les cormorans prédateurs.

La disparition progressive des réserves de poissons, conduira ni plus ni moins à l'arrêt de l'entretien des cent vingt mille étangs répartis sur notre territoire, par manque de moyens financiers pour les maintenir en état. Les digues risquent de se dégrader progressivement, le niveau de l'eau baisser et les étangs vont s'envaser petit à petit, laissant pousser les saules. Toutes ces étendues d'eau deviendront des marécages, un avantage pour la chasse, mais un échec flagrant pour la pisciculture. Difficile de satisfaire tout le monde, évidemment. Mais il est un fait incontestable : ces profondes perturbations risquent de s'accélérer. Car ces retenues d'eau stagnantes sont dans le collimateur des environnementalistes punitifs au nom de la continuité écologique. C'est un drame pour la biodiversité. Dans ce contexte, une solution ancestrale s'est imposée comme ultime recours pour protéger l'exploitation : empoisonner des poissons morts, les répartir autour des étangs, en espérant que les prédateurs succombent en mangeant tout ou partie des appâts. C'est précisément la méthode utilisée par Frédéric Mahaut. Et c'est cette seule vérité qu'il compte bien mettre en avant dans son procès. La date est arrêtée : il comparaîtra le 30 août devant le tribunal correctionnel de Troyes. Le substitut du procureur campe sur ses positions : il entend imprimer son sceau à cette audience dans un contexte où les autorités nationales demandent des résultats et des chiffres. Frédéric Mahaut doit-il, pour autant, être sacrifié sur l'autel de l'ambition personnelle d'un magistrat du Parquet ? Ce n'est quand même pas sous le seul prétexte de démontrer la pleine efficacité de ces nouveaux pôles régionaux chargés de protéger l'environnement qu'il faut condamner à qui mieux mieux. Frédéric n'est peut-être pas aussi coupable que le procureur veut tant l'affirmer !

Marié et père de deux grands garçons, Frédéric Mahaut est un homme investi dans le territoire ardennais. Il gère même des étangs appartenant à l'OFB ou au Conservatoire du littoral, et donne des conseils de pêche à qui lui en demande. Il a organisé également des missions de vidanges d'étangs voisins du sien. C'est un homme naturellement passionné par son métier et reconnu pour son expertise. Son père, très tôt, lui a transmis ce virus de l'élevage de poissons. L'empêcher de poursuivre cette activité conduirait à sa perte. Ses conseils, tout le monde le sait, sont précieux. Si précieux qu'une anecdote extraordinaire à son propos en dit long. Le roi du Maroc, son altesse Mohammed VI en personne, l'a fait plancher sur un projet piscicole pour son étang de Betz dans l'Oise, près de Villers-Cotterêts. On sait, de réputation, le roi du Maroc extrêmement réservé, peu enclin à parler naturellement avec des inconnus. Et de quoi ont-ils discuté ces deux-là, comme deux vieux amis – et pourtant vivant dans deux mondes si éloignés l'un de l'autre ?

D'écrevisses! Et plus précisément des Astacus, cette espèce indigène fortement menacée dans notre pays mais présente également au Maroc – ce dont doutait Frédéric Mahaut jusqu'à cette royale conversation. Or, en 2010, un beau jour de printemps, c'est un coffre entier d'écrevisses rouges marqué du sceau royal marocain qui lui a été remis en main propre par le régisseur personnel du roi. Le pisciculteur n'en est toujours pas revenu : les écrevisses d'un roi... !

Mais revenons au procès de Frédéric qui s'apprête à comparaître. Outre son sort personnel, une question l'obsède : que deviendront toutes ces femmes et tous ces hommes qui dépendent de son activité ? Si la sentence est trop forte, ils se retrouveront tous « le bec dans l'eau » – si l'on peut dire les choses ainsi. Il estime à cent vingt mille personnes le nombre de consommateurs qu'il livre régulièrement en poissons. L'argument de la « légitime défense » face à ce forban de cormoran ne sera pas suffisant pour calmer les ardeurs du procureur. S'il faut dire les choses telles qu'elles sont, alors, oui, c'est vrai : Frédéric Mahaut s'est senti contraint de se faire justice lui-même. Il a sciemment empoisonné des poissons déjà morts afin de décourager les prédateurs de s'approcher de son étang. Pouvait-il faire autrement ?

Les quotas de tirs de régulation de cormorans proposés par les autorités préfectorales ne suffisent pas pour protéger les pisciculteurs qui ne sont pas, comme ils ont l'habitude de le répéter, des chasseurs. Et puis tirer le cormoran, ça relève d'une chance inouïe.

L'animal est réputé pour déjouer et anticiper les tirs de chasse. De toute façon, Frédéric Mahaut avoue ne pas être doué pour ce genre de pratique. À cela s'ajoutent les réglementations délirantes. Ailleurs en Europe, comme en Pologne, en Tchéquie ou au Portugal, on peut librement créer des étangs. Mais on ne peut plus le faire en France et cela depuis trente ans environ : la législation est devenue, là aussi, trop complexe. Chez nos voisins en outre, la gestion et l'entretien ne sont pas soumis à ces réglementations tatillonnes. En France, il faut une autorisation de la police de l'eau pour tout : pour vidanger un étang, le curer, y pêcher ou refaire la digue, détenir des espèces de poissons spécifiques (comme les carpes Amour). L'administration se réserve le droit de vous les refuser à tout moment. Ce travail long et coûteux entraîne des distorsions de concurrence avec nos voisins européens. Résultat : la filière tricolore, qui était exportatrice, est désormais déficitaire. On doit importer des carpes de l'est de l'Europe alors que l'on pourrait les élever en France. Une fois encore, les professionnels demandent que l'administration les laisse travailler en paix. Vœu pieux…

Alors, oui, Frédéric Mahaut a de quoi se défendre dans la perspective de cette audience.

Mais l'épreuve du procès est encore loin. Et Frédéric est sujet à de fréquentes insomnies. Les cauchemars récurrents qu'il fait quasiment toutes les nuits le réveillent en sursaut. Il est en sueur. Il n'arrive plus à se rendormir. Il a l'impression d'entendre quelqu'un tambouriner sur les parois de son cerveau, comme ces policiers de l'environnement à sa porte, un matin de juillet aux aurores. La sensation du métal des menottes autour de ses mains ne le quitte pas. Est-il vraiment libre ? N'a-t-il pas payé une caution pour regagner son domicile dans l'attente du procès ? Il se sait en sursis. Il étouffe…

*

Vendredi 30 août 2024, quelque cent cinquante pêcheurs, pisciculteurs, agriculteurs venus des quatre coins de France, ont répondu présent pour accompagner Frédéric lors de la première audience au tribunal. Ils se pressent contre les grilles fermées du palais de justice. Toute proportion gardée, on a le sentiment étrange de revoir cette image de foule partagée en deux camps distincts, ici sur cette place, devant ce même tribunal… C'était en 1977 : opposants et partisans de la peine de mort hurlaient alors leurs convictions lors du procès historique de Patrick Henry, défendu par maître Robert Badinter. Le décor extérieur est identique. L'Histoire semble figée dans le temps. Il ne s'agit pas cette fois-ci de trancher un débat historique universel. Mais tout de même, d'un délit environnemental lié à la mort par empoisonnement d'une espèce animale protégée.

De chaque côté de la salle comble, les adversaires se font face. Ici, ce sont les parties civiles, représentées par les associations écologistes – en tête desquelles la Ligue pour la protection des oiseaux – venues réclamer, elles aussi, des dommages et intérêts. Là, et en plus grand nombre, ce sont les soutiens de Frédéric Mahaut qui font entendre leur ras-le-bol et ne semblent pas tenir en place. L'interpellation de leur ami et collègue a du mal à passer ! De larges banderoles sont déployées devant le palais de justice et traduisent ce mal-être constant du monde agricole de plus en plus mal compris : « Cormorans = mort de la pisciculture », « Laissez-nous vivre ! ».

Tous les syndicats et les organismes agricoles sont venus, parfois de l'autre bout de la France. FNSEA, Jeunes Agriculteurs, fédérations de pêche et association professionnelle des pisciculteurs d'étangs de France. Les journalistes de la presse écrite – locale et nationale – ont fait le déplacement, tous venus évidemment en train depuis la capitale. Une équipe de France 3 est également dépêchée sur place. C'est dire l'écho que renvoie ce procès inique. Les forces de l'ordre sont elles aussi déployées en nombre : gendarmes, policiers et officiers des renseignements généraux surveillent la foule, prêts à intervenir à la moindre échauffourée. La préfecture, quant à elle, avait discrètement pris attache avec les responsables des filières quelques jours plus tôt : l'idée étant de leur conseiller un itinéraire pour la manifestation. On leur propose également une entrevue avec la préfète pour exposer leurs doléances. Jusqu'à 13 h 30, heure officielle du début de l'audience, le palais demeure cadenassé par un service de sécurité privé qui va filtrer les entrées par ordre de priorité, en tenant compte des places forcément limitées dans la salle où se tiendra le procès. Depuis plus de deux semaines, le tribunal prépare l'audience. On sait qu'elle sera particulièrement suivie. Les visiteurs doivent passer par un portique de détection des métaux et ouvrir leur sac. On ne sait jamais… On craint des débordements, des colères trop vivement exprimées, des réactions spontanées…

Devant la salle d'audience aux portes vitrées, une dizaine de gendarmes sont présents, pour anticiper d'éventuels débordements. À l'intérieur, tout au fond de la salle, on découvre le vaste bureau où siègent les quatre magistrats qui vont diriger les débats. À leur droite, se tiennent le substitut du procureur de la République et son assistant. Une pendule noire avec des chiffres en cristaux liquides rouge indique la date en alternance avec l'heure – 13 h 45 – mais pas la température, ce qui ne serait pas un luxe. Il fait anormalement chaud en cette fin d'été. Heureusement la climatisation apporte, par intermittence, un peu d'air frais. Avant même que l'audience ne débute, un sentiment profond d'isolement m'envahit. En me retournant, j'aperçois le public qui, petit à petit, s'installe sur les bancs du tribunal et semble de plus en plus nombreux.

À ma gauche, des dizaines de représentants d'associations parties civiles : une délégation pléthorique d'agents de l'OFB venus des quatre coins de la région Grand Est et un nombre de sympathisants d'associations environnementales. Leurs avocats sont probablement pressés d'en découdre. Ils s'agitent et échangent des mots courtois tout en passant en revue leur stratégie d'attaque. Je me sens soudain bien seul. Et cependant déterminé, moi aussi, à répondre point par point à ces accusations sans fondement. Ils veulent faire un exemple. Ils ne sont pas au bout de leur peine avec moi. Une saine colère monte en moi…

Sur ma droite, j'aperçois des dizaines de pêcheurs, pisciculteurs et agriculteurs de tous âges, là encore. Certains n'ont pas hésité à parcourir des centaines de kilomètres pour se rendre à l'audience et soutenir à la fois leur confrère et toute une filière.

L'allée centrale sépare les deux clans. La fracture est si visible, allégoriquement, que je mesure les efforts à consentir pour cicatriser ces plaies béantes entre deux mondes qui s'ignorent et parfois se haïssent.

Quel gâchis !

Au premier rang, devant l'estrade où siègent les magistrats, ont pris place notre pisciculteur et son salarié. Ils n'osent pas lever la tête, ils ont l'air penauds. Comme des gamins pris en faute. Mais persuadés qu'ils n'ont pas fauté ! Je me trouve juste derrière eux et occupe toute la rangée. J'ai besoin de place pour étaler mes trois épais dossiers cartonnés dans lesquels sont classées mes fameuses pochettes rouges. Très vite, la salle d'audience se remplit, ce qui conduit la directrice du greffe, à ma demande, à laisser les portes de l'audience ouvertes pour que les autres pisciculteurs et pêcheurs debout dans le hall d'entrée du tribunal puissent également entendre, à défaut de voir.

14 heures tapantes : la sonnerie annonce l'arrivée des magistrats. Mon cœur bat la chamade, le grand oral va débuter. Tout le monde se lève au moment où le juge et ses adjoints font solennellement leur entrée dans un silence de plomb. Le moment de vérité tant attendu, aussi bien par mon pisciculteur que par les filières agricoles, est arrivé. J'exagère à peine : c'est pour moi aussi un moment de vérité. Je dois être à la hauteur.

Les quatre magistrats, qui s'apprêtent à juger notre pisciculteur pour des faits d'empoisonnement, de destruction d'espèces protégées, d'utilisation et de détention de produits phytosanitaires et de braconnage, ont l'air bien jeunes. Que savent-ils réellement des contraintes du monde agricole ? S'y intéressent-ils seulement ? Deux mondes s'opposent. Peuvent-ils se comprendre ? L'issue de ce procès nous le dira. La présidente n'a pas plus de 35 ans, comme moi. Elle est juge pour mineurs. Ce qui signifie qu'elle remplace un autre président qui aurait dû diriger cette audience. Je me pose légitimement la question : connaît-elle mieux le monde agricole que les autres juges assis à ses côtés ? Spécialiste des enfants en perdition ou maltraités, saura-t-elle tirer son épingle du jeu, faire la part des choses ? Sur quel terrain allons-nous nous embarquer, mon client et moi ? Frédéric

Mahaut est tétanisé par le balai des robes noires. C'est la première fois qu'il assiste à ce spectacle, dont il est bien malgré lui la tête d'affiche. La présence de ses proches ne semble pas le rassurer pour autant.

L'audience va durer plus de sept heures – une éternité ! Elle s'achèvera vers 21 h 30. Un nouvel interrogatoire débute, mené en partie par la présidente qui passe le prévenu sur le gril. Éprouvant pour Frédéric qui fait face comme il peut, répond avec ses mots et sa bonne foi. Sur les faits bien sûr, mais aussi sur sa personnalité. La présidente veut savoir à qui elle a affaire – pratique courante dans de nombreux procès.

Le tribunal, le Parquet et les associations multiplient les attaques contre mon client. On voudrait le dépeindre comme un assassin des marécages, un *serial killer* de volatiles, on ne s'y prendrait pas autrement. « Vous avez potentiellement tué des centaines, voire des milliers d'oiseaux protégés ! Qui peut savoir ! », s'exclame le procureur emporté par son indignation. Il faut alors absolument rééquilibrer les débats. Ce qui m'amène à demander à la présidente d'auditionner plusieurs personnalités des filières piscicoles pour éclairer le tribunal, totalement ignorant sur la question sensible des cormorans et des difficultés rencontrées par les pisciculteurs, comme je le craignais. En dépit des oppositions manifestées par les avocats des parties civiles, le tribunal, après s'être retiré quelques instants, me donne raison sur la nécessité d'auditionner un nouveau témoin : Philippe Rélot, vice-président de l'Association française des professionnels de la pisciculture en étangs (AFPPE), vient à la barre. Le Parquet souhaite qu'un agent de l'OFB fasse aussi partie des experts interrogés. Tous sont priés de rester dans une salle d'attente voisine de celle de l'audience.

Une première victoire pour moi, mais avec un goût amer : l'avocat des chasseurs est partie civile. Voilà qu'il manifeste sa plus vive opposition à ma demande de nouveaux témoins. L'homme âgé d'un peu plus de soixante-dix ans, son ruban d'officier du mérite accroché à sa robe noire, réclame plus de vingt mille euros de préjudice moral, soit deux à quatre fois plus que d'autres associations environnementales. Pour une fois, les chasseurs ne me soutiennent pas, à cause de l'histoire familiale de Frédéric : son père était en froid avec la fédération départementale locale. Il leur faut sévèrement condamner tout acte potentiel de braconnage. Je l'avoue : sur le moment, j'ai pris cet acte d'accusation comme une véritable trahison de la part des chasseurs – moi qui suis chasseur et fier de l'être. Peuvent-ils donner impunément des leçons de déontologie quand on connaît le comportement déviant de certains de leurs membres ? Cela m'amènera, le soir même, à appeler au téléphone Thierry Coste, le défenseur des chasseurs auprès des cercles du pouvoir. Je lui dirai sans détour mon mécontentement. Et mon désappointement…

Puis des dizaines d'associations, toutes parties civiles – dont la Ligue pour la protection des oiseaux,

France Nature Environnement, ou encore des associations environnementalistes locales dont les noms interpellent, Renard ou Loana –, se succèdent à la barre. Outre l'intérêt écologique, l'intérêt budgétaire semble primer jusqu'à la déraison : les sommes d'indemnités demandées sont honteuses et méprisables. Le total exigé ? Quatre cent mille euros de dommages et intérêts sont demandés par les parties civiles, soit l'équivalent d'environ un an d'activité. Une véritable mise à mort de son entreprise, qui ne semble nullement gêner ses contempteurs. La vie du pygargue, espèce certes protégée, semble valoir bien plus que la vie d'une société qui fait vivre des hommes et des femmes, une famille et des salariés !

On assiste à un véritable et vulgaire marchandage digne des arrière-boutiques. Des présidents d'association se présentent à la barre, demandent des sommes approximatives, à la louche, se contredisent parfois entre eux, amenant alors la présidente à demander de sérieux éclaircissements sur les dommages et intérêts exigés. Tout cela paraît tellement incohérent. Je m'exclame alors, un peu ironique : « Sur les dix-sept associations constituées parties civiles, il y en a bien seize de trop ! » Toutes disent faire de l'information et de la sensibilisation. Mais qui fait quoi concrètement au bout du compte, à part distribuer des kits dans les écoles maternelles ? Le tribunal a parfaitement compris le problème. Ces associations, dont la plupart ont leurs locaux dans le 19e arrondissement de Paris, semblent avoir du mal à descendre des Buttes-Chaumont pour aller au contact des pisciculteurs et pêcheurs. Et comprendre la réalité de leur travail saccagé par des oiseaux voraces.

La vérité, c'est que les parties civiles se cachent derrière leur petit doigt et n'en mènent pas large : des Plans nationaux d'actions (PNA) les obligeaient à informer officiellement les agriculteurs et à les sensibiliser sur la présence possible de rapaces protégés. Facile, après coup, de venir réclamer des centaines de milliers d'euros d'indemnités à un brave éleveur, pour une faute dont on est en partie soi-même responsable ! Je ne décolère pas. Comment ces associations osent-elles prétendre faire consciencieusement leur travail, quand elles affirment, au cours du procès, n'avoir jamais su qu'il y avait un pygargue à queue blanche dans ce coin des Ardennes. On en a bien aperçu un, lors de la pêche d'étang en présence d'agents de l'OFB. Sauf que ce pygargue avait été repéré à plus de 60 kilomètres du domicile de Frédéric. Et les comptages réalisés par la LPO ne mentionnent aucun aigle à proximité de sa pisciculture. Alors qu'on vienne me dire à quoi servent ces si efficaces associations ? Elles seraient plutôt aux abonnés absents !

Il y a donc une notable défaillance de la part de nos parties civiles. Pas la moindre information n'a été diffusée par les si sérieux acteurs du monde environnemental chargés d'appliquer les différents plans de protection des rapaces. Chapeau, messieurs les donneurs de leçon ! Il faudra vous en expliquer.

Les associations de défense de la nature et du vivant auront pourtant mobilisé plus de deux millions d'euros, aux frais du contribuable. Qu'ont-elles fait de cet argent, qui devait notamment être affecté à la sensibilisation et à l'information des pisciculteurs ? « Envolé, lui aussi ! », me permettrai-je d'ironiser dans ma plaidoirie finale. Là encore, je marque un point : il est temps de rabaisser sérieusement les prétentions des parties civiles et de poser la question de leur réelle efficacité. Il est vrai que l'on n'a pas vu beaucoup d'aigles sur leur promontoire urbain, du côté des Buttes-Chaumont…

La demande formulée par France Nature Environnement qui exige une publication du jugement dans la revue *France Agricole* illustre parfaitement ce mépris et cette orgueilleuse assurance d'avoir toujours raison puisque telle est la tendance sociétale. L'hebdomadaire en question traite de tout, sauf de pisciculture et de pêche ! Je n'hésite pas à interpeller la présidente du tribunal : « Par pitié, Madame la présidente, si nous voulons tirer les leçons et conséquences de cette affaire, c'est dans la presse spécialisée dédiée à ces filières qu'il faudra envisager une diffusion du jugement, mais pas dans une revue dédiée à l'élevage bovin et au machinisme agricole ! » Décidément, nos associations sont à côté de la plaque. Je ne manque pas de le relever chaque fois qu'elles m'en offrent l'occasion. Assez souvent. Elles le valent bien !

Plus les débats avancent, plus cette déconnexion entre les demandes formulées par les parties civiles et la réalité de la filière dans laquelle travaille Frédéric Mahaut apparaît évidente. Les réquisitions du Parquet durent plus d'une heure. Elles sont marquées par des propos extrêmement durs et une volonté clairement affichée, comme nous l'avons compris depuis le début, de faire de ce procès un exemple.

Enfin, à 20 h 15, après une brève suspension de séance prononcée par le tribunal, arrive mon tour de plaider. Cette fois-ci, ma voix est triste, presque lasse : n'est-il pas temps d'appeler à une concorde et à la réconciliation ? « Y aura-t-il cet hiver une pêche d'étang, Madame la présidente ? » Je pose la question d'un ton presque solennel : elle pourra paraître anodine à certains de mes lecteurs. Mais que fais-je d'autre que défendre des traditions ancestrales essentielles qui font aussi l'identité culturelle d'une nation. Je ne parle pas d'un fangeux nationalisme, ni d'un ridicule chauvinisme. Je ne parle que de nos traditions paysannes qui font sens dans la défense de la nature.

Cette question banale, sensible, a peut-être fait chavirer le cours de l'audience. Du moins veux-je le croire de toute mon âme. Je poursuis sur ma lancée et me laisse un peu porter aussi par mon inspiration et mes émotions. « C'est le moment le plus fort dans la vie professionnelle du pisciculteur. Pour vous, c'est la rentrée solennelle. Pour les éleveurs, ce sont les comices. Pour les vignerons, c'est la vendange. Pour les céréaliers, ce sont les moissons. Pour les pisciculteurs, c'est la vidange d'étang. Alors, c'est quoi la vidange d'étangs ? C'est un moment hors du temps où les pisciculteurs, qui ont cette passion du terroir et de la terre, affluent des quatre coins du département. Quel que soit son statut social. Quel que soit son âge. Et on abaisse le niveau de l'étang. Et on se met chacun dans l'eau. Il fait froid. Il pleut. Mais qu'importe. Et tous ensemble vont tirer les filets. Et, autour de ces filets, Madame la présidente, vous avez toute la société française. Vous avez toutes les catégories socioprofessionnelles qui se mélangent et s'entendent. S'il n'y a plus de pêches d'étangs, qui sera vecteur de paix sociale dans nos campagnes ? » Chacun de mes mots résonne dans une salle silencieuse. J'ai plus le sentiment de prononcer un sermon qu'une plaidoirie. Mais je prononce ces mots avec, ancrés dans le cœur, toutes les racines de mon enfance de gamin de la campagne, tout mon héritage de fils et petit-fils d'agriculteur, toute ma foi et ma passion au service d'une cause. Celle de notre paysannerie, celle de nos terroirs.

Et puis je réponds au Parquet en affirmant que « toute peine dissuasive, telle que préconisée, affaiblirait toute tentative de réconciliation entre pisciculteurs et associations parties civiles ». Je cherche à tout prix à dissuader le tribunal de tomber dans d'irrésistibles excès. « Au fond, cette audience a permis un dialogue forcé, à défaut de l'avoir eu plus tôt tels que l'exigeaient les différents plans de protection du pygargue. » Plusieurs participants, et même quelques-uns de la partie civile, me l'avoueront plus tard, ce qui me réconfortera. Et cela, je ne m'en cache pas, renforcera ma détermination à défendre le monde paysan, écrasé par les lois et des règles si peu adaptées à ses propres enjeux.

Mardi 1er octobre 2024. Le tribunal doit rendre son verdict à 13 h 30. Mes arguments ont-ils réussi à faire pencher la balance de la justice de notre côté ? À l'énoncé du verdict et des peines, je ne suis certes pas déçu. Pas totalement satisfait non plus. C'est un étrange entre-deux, un « en même temps », très en vogue ces temps-ci. Je prends un café avec mon client pour faire le point, pour le rassurer aussi. Et j'attrape mon train, direction gare de l'Est. Avant de répondre aux journalistes qui m'appellent sur mon portable, je songe encore aux conclusions du tribunal et réfléchis bien entendu à ce que je vais déclarer à l'AFP : « La décision rendue a pris partiellement en compte la détresse de nos pisciculteurs en diminuant très substantiellement les sommes réclamées par les parties civiles. Ainsi la LPO, qui avait réclamé cent quatre-vingt mille euros, n'en obtient que quatre cents. » Les juges n'ont pas vraiment tranché. On condamne, sans condamner. Ne fâchons personne. Au total, les parties civiles dont certaines étaient clairement venues pour se refaire une santé financière (l'aiglon mort semblant être parfois un prétexte dans nos débats animés), n'ont recueilli qu'un tout petit peu plus de 1 % des sommes réclamées.

Les deux prévenus et l'entreprise de pisciculture ont en effet été condamnés à verser environ neuf mille euros en réparation du préjudice moral à une dizaine d'associations parties civiles dont la LPO, France Nature Environnement et la Fédération des chasseurs des Ardennes. Certaines d'entre elles n'ont rien touché, in fine. Le grand gagnant est... l'État, bien sûr, qui empoche au passage trente-deux mille euros « en réparation du préjudice écologique ». De même, les peines prononcées sont en deçà des réquisitions du Parquet. À l'audience, le 30 août, le procureur avait réclamé douze mois d'emprisonnement avec sursis pour Frédéric Mahaut, le gérant, et huit mois avec sursis pour son salarié. Le pisciculteur a été condamné à huit mois de prison avec sursis pour l'empoisonnement de l'aigle, et son salarié à quatre mois avec sursis. Là aussi, on a préféré ménager la chèvre et le chou.

Le cas de Frédéric Mahaut et de son procès ne change rien à la situation fragile des pisciculteurs. « La filière est abandonnée par l'État, vous n'avez aucune indemnisation pour les attaques des cormorans contrairement aux troupeaux ovins menacés par le loup, préciserai-je encore aux journalistes qui m'interrogent. C'est la détresse d'un homme et de toute une filière qui a conduit à ce geste désespéré. » Je ne veux pas rester sur un sentiment mitigé. Il faut faire entendre la voix de nos agriculteurs, au-delà des prétoires. Ne pas la laisser s'éteindre. Faire passer le message par les médias n'est pas moins important, aujourd'hui, que de plaider avec force devant nos magistrats.

Mais sur le plan judiciaire, si un appel est actuellement en cours, seule la médiation et le dialogue permettront d'éviter un nouveau drame. On ne peut nier les responsabilités de chacun dans cette affaire sensible et plus complexe qu'il n'y paraît au premier abord. Les associations se battent pour des espèces protégées; les agriculteurs ne leur veulent pas de mal. Ce jugement devrait, selon moi, ouvrir une ère nouvelle: celle de l'entente et de la compréhension. Autour d'une même table devront, tôt ou tard, se réunir l'ensemble des parties. Adversaires hier, alliés demain… Pour le respect, la protection et l'équilibre de la nature. La filière piscicole devra être associée à cette noble idée: elle aussi a intérêt à sauver la biodiversité dont font partie les rapaces… tout en préservant, bien entendu, ses précieux élevages de poisson. « La priorité est désormais au dialogue entre services de l'État, filières piscicoles et associations pour éviter d'autres affaires similaires ». La conclusion de ma déclaration à l'AFP est un plaidoyer pour la concorde. Pour un discours apaisé.

Reste qu'à l'issue de ce procès, un étrange sentiment ne cessera de s'immiscer dans mes pensées: si le monde animal mérite tout le respect qu'on lui doit, j'ai parfois le sentiment que la condition humaine ne vaut pas grand-chose face à la vie d'un aigle.

IV
Sur les traces de mon grand-père

À plusieurs centaines de kilomètres de là, dans le Périgord noir, entre La Roque-Gageac et Sarlat-la-Canéda, sur les hauteurs du village de Daglan, dans un petit hameau d'une dizaine d'habitants, se dresse la ferme historique de la famille Dufour. J'ai envie, dans ces lignes, de m'y poser un peu et de vous y inviter, en quelque sorte…

C'est là d'où je viens.

Plusieurs générations de ma famille y ont vécu. La ferme familiale se compose de bâtiments typiques de la région, aux pierres ocres et aux toits de tuiles, disposés autour d'une cour dans laquelle se trouve une petite mare, un bassin en pierre pour que les canards ou les oies se délassent. Des petits bâtiments de pierre où se trouve l'enclos des cochons – la soue –, un poulailler et de vieux clapiers ne servant plus depuis longtemps, complètent l'ensemble.

Pour accéder à cette bâtisse protégée des bêtes sauvages – qui habitent la forêt sur le versant nord de l'autre colline – par de hautes palissades, il faut passer sous un porche arrondi. La date de construction de la ferme est encore gravée dans la pierre: 1782.

Ma famille s'est en effet installée dans cette campagne au XVIIIe siècle pour travailler la terre. Elle y est restée depuis, au gré des évolutions de l'Histoire et du monde, tout en traversant la Révolution et les guerres mondiales.

Dans les années 70, mon père, Michel Dufour, a fait ouvertement le choix de ne pas reprendre les 17 hectares de prairies et champs cultivés. L'instituteur de l'école de Daglan avait très tôt repéré les talents de mon géniteur et son insatiable curiosité. Alors, plutôt que les enfouir dans la terre comme le semeur de la parabole éponyme, il a tout fait pour convaincre mes grands-parents, André et Paule – que nous avons toujours surnommée Paulette –, de le laisser pousser ses études au-delà du certificat. Ce qu'ils ont accepté, malgré d'évidents sacrifices financiers... Mon père est devenu ingénieur. Il a participé à la création de la carte à puce. Son maître d'école avait eu raison.

André faisait partie de ces paysans qui n'ont jamais pris une heure de vacances et on peut dire qu'il ne s'en est pas porté plus mal. Il menait une vie saine, sans excès. Il gardait toute son énergie et sa santé pour l'entraide entre voisins lors des moissons ou des vendanges. À 97 ans, il n'était pas rare de le croiser encore dans ses champs, au travail. Il s'est éteint deux ans après, chez lui comme mes arrière-grands-parents. Son corps a été veillé à la maison. Il m'a légué cette force de travail, cette droiture et cette obstination à démêler une affaire, quel qu'en soit le prix.

Ici, le matériel agricole n'a jamais été du dernier cri. Deux tracteurs Ferguson rouges dorment dans un hangar : ils n'ont aucune protection particulière pour le conducteur. Dans la stabulation, tout en pierres, subsistent les emplacements en béton pour la quelque vingtaine de vaches qui l'habitaient. Leurs noms sont encore visibles, écrits au feutre. Depuis, la poussière semble avoir repris ses droits. Dans les mangeoires, c'est une invasion de ficelles, de cartons et de boîtes à outils. Au plafond, les toiles d'araignées paraissent avoir dressé leur abri pour l'éternité. La porcherie où il y avait en permanence deux cochons, est aujourd'hui vide. Là encore, seule l'odeur et la configuration de la soue nous rappellent aujourd'hui leur présence lointaine.

Cela me rappelle qu'il y a quelques années encore, nous vivions dans une ferme agricole à taille humaine, à l'image de celles que l'on trouvait dans les années 50-70. Une de ces fermes en polyculture et élevage qui s'étalait jusque sur les bords du Céou, ce petit cours d'eau qui se jette un peu plus loin, à Castelnaud-la-Chapelle, dans les bras de la Dordogne. Une ferme, dans laquelle les agriculteurs vivaient chichement mais heureux. Et surtout en totale autosuffisance, sans qu'il y ait nécessité de s'approvisionner dans les supermarchés. Le boulanger passait deux fois par semaine. On échangeait du blé contre du pain. On troquait notre jambon contre un peu de pêche au poissonnier qui venait le vendredi.

Si par malheur, l'agriculteur n'était pas là pour rendre la monnaie de leur pièce, peu importe : le boulanger et le poissonnier laissaient sur la marche de l'escalier leurs produits. La semaine suivante, ils étaient quittes. Cela fonctionnait sur une simple relation de confiance : pas besoin de signer une reconnaissance de dette. Mon grand-père avait pour habitude de répéter cette vieille maxime que l'on se transmettait dans nos familles comme un mantra salutaire : « Bien mal acquis ne profite jamais. » On doit rester honnête avec son prochain, car le vol provoque des remords toute la vie.

Tel est le cadre idyllique dans lequel j'ai grandi pendant toutes les vacances scolaires que nous passions avec mes parents et mes deux frères : douze semaines par an. Je me souviens encore, lorsque je voyais le lavoir où ma grand-mère venait battre le linge, c'était le signal : nous étions arrivés après plus de huit heures de route depuis Saint-Germain-en-Laye où nous habitions alors. Nous arrivions en territoire connu. Les voisins, toujours à l'affût du moindre bruit ou du plus petit mouvement, nous reconnaissaient et nous saluaient de grands gestes de la main. Ce lieu était aussi un peu notre terre… C'était le moment des retrouvailles avec mes cousines dans notre ferme familiale. Nous mettions tous ensemble la main à la pâte quelle que soit la saison. Nous conduisions le tracteur, nous ramassions le foin, les betteraves ou la paille. Nous faisions toutes ces tâches avec bonheur. Cela deviendrait nos plus beaux souvenirs !

Aujourd'hui, les abris pour animaux, les étables, les hangars ont été transformés pour laisser place à un marché plus rentable : celui du tourisme et des gîtes de France. Totalement rénovés par mon oncle, ces bâtiments, modifiés depuis en chambres d'hôtes, accueillent Anglais, Belges ou Français heureux de découvrir la beauté de nos campagnes, le silence de la vallée, la gastronomie périgourdine et l'histoire du pays. Dans ce petit coin préservé de Dordogne, les problèmes de cohabitation entre néo-ruraux et fermiers ne sont plus d'actualité. Pour une bonne raison : à présent la ferme est quasiment vide, elle ne génère plus vraiment d'activités. De quoi rendre heureux les voisins susceptibles. Les bovins sont partis avec mon grand-père. Les cochons préparés à l'ancienne n'intéressent plus les bouchers qui doivent suivre de nouveaux protocoles dans la découpe des bêtes. Quant aux lapins, on les consomme beaucoup moins. Seul le poulailler, situé à l'opposé de la stabulation et une poignée de gallinacés en liberté, nous rappelle cette époque révolue. Oui, quelques poules hantent encore l'endroit, mais elles doivent à présent se sentir bien seules sans le coq qui jadis trônait, impérial, au sommet de son tas de fumier au beau milieu de la basse-cour.

Une page s'est tournée. Ni mon père, ni sa sœur n'ont voulu prendre la relève. L'exploitation fait partie de ces trop nombreuses fermes qui, en l'absence de repreneurs, a cessé d'exister, sans bruit – ce qui a contribué au déclin du monde paysan dans les communes rurales de France. Combien d'agriculteurs vivent encore dans notre village ? Seulement deux familles, dont la plus proche, les Lagarde, propriétaires d'un grand bâtiment d'élevage d'engraissement de canards en bas de la colline, s'accrochent vaille que vaille à leur activité. Et pourtant, ils n'étaient guère plus d'une douzaine en 1990… l'année de ma naissance ! L'un de nos voisins, Jeannot Figeac, 78 ans, ne prévoit aucune transmission familiale : ses fils sont aujourd'hui citadins, du côté de Bordeaux. Les fermes meurent en silence. C'est ainsi.

Pour leur part, mes autres grands cousins continuent leur activité agricole d'éleveurs de bovins à viande, dans des communes voisines de Daglan, à Saint-Pompon et Saint-Martial-de-Nabirat.

On l'aura compris : cette balade dans mes souvenirs, entre les murs de la vieille ferme familiale, conduit désormais mon action et nourrit mes convictions. L'urgence est bel et bien pour moi de continuer coûte que coûte à défendre ceux qui décident, par passion, de relever le flambeau d'une agriculture cernée par des réglementations iniques, par des conflits arbitraires. Tant d'incompréhensions entre deux mondes : celui qui a oublié d'où il venait et semble avoir oublié ses racines terriennes d'antan… face aux besogneux qui, quotidiennement, ont les pieds dans la terre.

Mes racines de paysan parlent pour moi…

V
Même les vaches meuglent la nuit

Depuis quelques années maintenant la cause paysanne est devenue mon combat, ma raison de vivre. J'aspire à une meilleure entente entre deux mondes qui refusent le dialogue… et qui, pourtant, ont tout intérêt à s'entendre : nos villes et nos campagnes. Je l'ai déjà dit, bien entendu. Je me répète. Je suis têtu. Mais on me pardonnera : j'aimerais vraiment que ces relations s'apaisent.

À la fin du mois de février, le Salon international de l'agriculture va ouvrir à nouveau ses portes, comme chaque année depuis soixante ans. Un événement incontournable pour la profession agricole qui vient faire concourir ses plus belles bêtes, sous l'œil curieux de centaines de milliers de Français désireux de connaître ou de partager des valeurs de convivialité : nos agriculteurs venus des quatre coins de l'hexagone les inspirent.

Entre deux dossiers stratégiques, un e-mail arrive dans ma boîte, en cette fin d'après-midi de février 2023 : il est signé d'un certain Éric Bouillie que je ne connais pas. Il est agriculteur, il a 34 ans, il est installé dans le département de l'Eure-et-Loir.

Je l'avoue : son message m'interpelle immédiatement, même si je ne suis guère surpris, une fois de plus, une fois encore, par ce qu'il me raconte avec ses mots :

« Je suis Éric Bouillie, agriculteur en polyculture élevage, installé en Eure-et-Loir à Saint-Éliph, en cours de reprise de l'exploitation de mon père et je suis la quatrième génération. Je suis tombé sur un article de journal qui parle d'une lettre d'intimidation que des voisins ont envoyée à l'un de vos clients. Je me suis intéressé à votre profil twitter, et j'ai vu que vous défendiez le monde agricole et de la ruralité. Je viens vers vous car mon père agriculteur polyculture et élevage laitier est en conflit avec un des voisins, des particuliers qui venaient seulement le week-end et depuis le confinement qui vivent ici à l'année, et se plaignent aujourd'hui des meuglements des vaches. »

Le journal dont il est question, c'est *L'Écho Républicain* : le quotidien des départements de l'Ouest parisien a souvent évoqué l'affaire des vaches bretonnes d'Adainville, un cas d'école. La rédaction, je dois le dire, a été en première ligne dans cette affaire édifiante – à laquelle les médias nationaux ont ensuite donné un large écho.

Forcément, je ne peux m'empêcher de penser à Fabien, notre éleveur courageux qui s'est battu contre la puissance de l'argent. C'est pour cette raison que l'appel au secours d'Éric Bouillie ne peut me laisser indifférent. Cela réveille instantanément en moi l'envie de repartir au combat : celui de la cohabitation impossible et cependant inévitable entre néo-ruraux et agriculteurs. Et de quoi s'agit-il ici ? Eh bien, cela se résume en une phrase burlesque : « Meuglements de vaches... même la nuit ! » C'est donc la racine du litige auquel fait face ce jeune agriculteur, qui vient tout juste de reprendre l'exploitation agricole. Que l'on fasse taire ces vaches entre 22 heures et 7 heures du matin. Qu'il se débrouille, les bâillonne, les endorme... De quoi le décourager en effet.

Le profil des voisins ? Un couple de retraités de la banlieue parisienne, précisément des Hauts-de-Seine, et leurs fils d'une quarantaine d'années. Ils vivent ici depuis peu, dans une ancienne grange reconvertie en maison de vacances. Les bienfaits des confinements successifs, dus à la fameuse épidémie de Covid, les ont encouragés à quitter définitivement leur logement pour rejoindre ce calme coin de la campagne eurélienne à proximité de Nogent-le-Rotrou.

Oui, mais un détail cloche dans ce tableau parfait : leurs voisins sont des fermiers qui ont des vaches... et ces vaches meuglent. Un scandale ! Pourtant avec un cheptel d'une soixantaine de laitières Holstein à peine, ces agriculteurs responsables sont le reflet de ce modèle agricole à taille humaine, en voie de disparition mais qu'on aimerait voir à nouveau se multiplier. Ils incarnent toute la problématique de la transmission des élevages laitiers, mais aussi de la coexistence de générations au sein d'une même famille d'agriculteurs et des tensions que cela peut créer.

Mais revenons au litige. De quoi parle-t-on au juste ? La famille Bouillie est l'une des plus vieilles familles d'éleveurs de l'Eure et ce depuis plus de huit générations. Une famille donc bien installée – difficile de le nier –, et dont le père a récemment transmis le flambeau de l'exploitation à son fils, tout en restant investi dans son développement.

La ferme date du XVIIIe siècle, comme en témoignent les vieux et solides murs du bâtiment principal. La stabulation, en revanche, est plus récente. C'est qu'il a fallu la mettre aux normes. Le fumier doit, par exemple, être stocké dans des hangars afin que les déjections et l'urine des bovins ne ruissellent pas dans les cours d'eau de la campagne à l'entour. Les vaches doivent pouvoir se coucher dans des logettes couvertes, après la traite. Alors oui, évidemment, le cheptel a été multiplié par deux pour des raisons de rentabilité nécessaires – et à cause de la crise des prix du lait. Il faut produire du volume pour compenser des cours de plus en plus bas ! Détail cocasse : l'un des hangars adjacents au corps de la ferme, situé face aux prés où pâturent les animaux, a été vendu il y a plus de vingt ans pour devenir un confortable logement. C'est précisément celui où demeurent nos plaignants.

Pour ces voisins obligés de traverser en permanence la cour de la ferme pour accéder à leur habitation située au bout de ce passage sans issue, le problème vient de là. L'ont-ils récemment découvert ? Il est vrai qu'ils ne venaient pas si souvent par ici. À présent, ils y vivent en permanence et, fatalement, ça change tout. Des vaches qui meuglent. Ah, non ! C'en est trop ! Jusqu'au confinement, nos braves voisins en quête de calme absolu, n'avaient aucun motif de contestation. Les jours où ils venaient se reposer dans leur « résidence secondaire » se comptaient sur les doigts d'une seule main. À ce rythme, aucune raison de se fâcher avec des éleveurs dont la seule présence est susceptible d'éloigner quelques possibles voleurs. Ils se connaissent et échangent quelques mots chaleureux lors de leurs séjours réguliers, achetant même des produits à la ferme. Mais leur décision soudaine d'emménager à temps complet dans leur maison de campagne et de profiter des douceurs bucoliques de la nature environnante, les a rendus beaucoup moins tolérants. Ils découvrent les nuisances réelles d'une ferme à proximité. Vivre non loin d'une étable ne serait donc pas de tout repos ? Diantre ! Ce qui semblait totalement secondaire lors de leurs courts séjours, devient une intolérable gêne. Particulièrement les meuglements de vaches même la nuit.

C'est pourtant un fait scientifique avéré : ces ruminants émettent des sons et des odeurs quelle que soit l'heure de la journée. C'est leur façon de communiquer. Que pouvons-nous faire pour raisonner ces voisins a priori déconnectés du réel ? Et qui ont librement choisi de vivre près d'une ferme d'élevage. Au lieu d'un plus paisible cimetière... Quelle légèreté ! Cette question m'anime particulièrement à la veille du Salon de l'agriculture qui va opportunément me servir de caisse de résonance pour donner un plus large écho à cette nouvelle affaire ubuesque.

*

Ce vendredi 3 mars 2023, c'est le branle-bas de combat sur la mezzanine du stand de la FNSEA, porte de Versailles à Paris. L'invité de la matinée n'est autre que le ministre de la Justice, Éric Dupond-Moretti. Il s'agit d'évoquer, justement, toutes les questions de conflits de voisinage entre néo-ruraux et agriculteurs. La liste des litiges où veaux, vaches et cochons sont traînés devant le prétoire, ne cesse de s'allonger. Outre les aléas climatiques, sanitaires et économiques, les exploitants doivent faire face à de nouveaux maux d'une société qui n'a pas connu la pénurie alimentaire depuis la Seconde Guerre mondiale et qui ne connaît pas la difficulté de produire de la nourriture à la seule force de ses bras.

Les litiges dont nous parlons ne visent pas, pour une fois, cette administration de plus en plus exigeante lorsqu'il s'agit de remplir des tonnes de paperasse. Il est ici question de ces attaques d'habitants récemment installés à la campagne et qui se croient tout permis : ils se fichent pas mal de savoir que les agriculteurs dans leur collimateur sont là depuis des générations. Ces gens-là et leurs activités odorantes les gênent. Qu'ils partent. Ou fassent taire leurs bêtes. Certains de ces accusateurs n'ont comme référentiel que les images de leur enfance piochées dans *Martine à la campagne*. Quelques-uns se souviennent vaguement de leurs vacances adolescentes, si courts passages en milieu rural quand on allait chercher des œufs ou du lait. Mais tout ça est bien loin. Des vaches, ça pue et ça meugle. Ceux qui viennent donc habiter définitivement un coin de campagne – et souvent en milieu agricole! – croient tout connaître de la vie en milieu rural. Mais voilà qu'ils déchantent en découvrant que la campagne ce sont aussi des bruits, des odeurs et du boulot quotidien, week-ends compris.

Me voici donc au Salon de l'agriculture prêt à interpeller le ministre – dont on sait le penchant pour les milieux ruraux et pour la chasse qu'il pratique en France et parfois en Écosse. La présidente du premier syndicat agricole français, la Fédération nationale des syndicats d'exploitants agricoles (FNSEA), Christiane Lambert et son vice-président, Luc Smessaert, éleveur laitier dans l'Oise, animent un point presse.

Les animateurs ont passé une nouvelle fois une courte nuit: le Salon connaît ses fêtes nocturnes où nos agriculteurs viennent récolter quelques moments de détente, loin de leurs soucis ordinaires. Ce vendredi matin, il faut pourtant être à la hauteur devant le garde des Sceaux. Il s'agit de le sensibiliser à l'évolution de la réglementation en faveur du monde agricole. Les nouveaux habitants des campagnes n'hésitent plus à qualifier de nuisances des bruits et odeurs qui ont toujours existé.

Ce fut le cas des coassements de grenouilles en Dordogne : la justice avait donné raison aux voisins plaignants. Après neuf années de bataille judiciaire, la propriétaire d'une mare a été condamnée à la reboucher, en dépit de son atout pour la biodiversité… Et tout ça pour faire taire ces batraciens trop turbulents en période de reproduction. Le fameux coq Maurice à Oléron a eu plus de chance. Il a bénéficié de la mansuétude des juges, lui. Son chant matinal gênait les voisins dans leur sommeil. Au bout de deux ans de procédure, les ennemis du coq n'ont pas obtenu gain de cause. La grenouille a été bâillonnée. Le coq, libéré. Deux affaires, deux interprétations différentes des magistrats, car il n'y avait pas de texte de loi référent.

C'est à mon tour d'intervenir. Christiane Lambert me présente et me donne la parole. Elle sait que je compte en profiter pour interpeller le ministre – dans les règles de la bienséance et de la civilité, cela va de soi. Je me lève, je m'empare du micro devant un public d'une soixantaine de personnes. L'auditoire s'est mobilisé pour réclamer de notables évolutions dans les lois et règles iniques qui, jusqu'à l'absurde, finissent par étouffer l'ensemble du monde agricole. Va-t-on encore longtemps considérer nos paysans comme de simples bouseux nuisibles ? Ou enfin leur lâcher un peu de lest, et reconnaître officiellement – et juridiquement – leur utilité publique ? Je me lance…

« Monsieur le ministre, dans deux heures je pars dans l'Eure-et-Loir. J'ai mes bottes dans la voiture.

Je vais assister à une réunion de conciliation entre trois exploitations agricoles et des voisins qui se plaignent que les vaches meuglent même la nuit, lui dis-je d'un ton assuré sans détourner mon regard du sien. Nous avons un besoin urgent d'une évolution de la législation, nous avons besoin de consacrer ce principe de l'antériorité, mais aussi d'ajouter que ce principe de l'antériorité vaut même si le cheptel doit évoluer dans le temps ! L'agriculteur ne peut pas être condamné à rester avec trente ou quarante génisses, s'il veut passer à quatre-vingts ou quatre-vingt-dix têtes, il en a le droit. »

Même en face d'un haut représentant du gouvernement et de la République, je ne me suis pas démonté : je me suis contenté de dire ce que j'avais sur le cœur. Quelques mots sincères et un résumé de la situation juridique de nature à solliciter notre garde des Sceaux. Le ministre a suivi avec beaucoup d'attention mes propos. L'assistance n'a pas bronché. Je repose le micro sur la tribune. Éric Dupond-Moretti prend la parole à son tour. Et il ne mâche pas ses mots. « C'est surréaliste que l'on soit confronté à des litiges dont l'objet est le meuglement des vaches la nuit. Que voulez-vous que l'on fasse ? Qu'on les sédate ? C'est surréaliste que l'on encombre les tribunaux avec ce genre d'affaires, répond-il avec sa voix grave de basse qui en impose. Quand viendra le moment de regarder cela de façon précise, je vais vous embaucher, vous viendrez me voir. Il y a la vision macro des choses et la vision micro de terrain. Je crois à la nécessité impérieuse de voir ce qui se fait sur place. »

Par la suite, je l'ai effectivement rencontré en tête à tête place Vendôme et nous avons pu élaborer les fondations de cette proposition de loi, dont nous reparlerons plus tard.

*

Ce sont ces bribes de conversations qui me re-viennent en mémoire au moment où je prends le train pour Nogent-le-Rotrou : là où se déroule la conciliation entre la famille Bouillie et leurs voisins réfractaires aux bruits des vaches.

Le matin, je suis au Salon de l'agriculture, apostrophant le ministre de la Justice en personne, plaidant la cause de nos agriculteurs entraînés dans des procédures grotesques et affolantes. L'après-midi même, je me retrouve à deux heures de la capitale, dans un décor champêtre, loin du béton des halls de la porte de Versailles et du brouhaha ambiant. Ce sont des grandes parcelles de culture qui alternent avec des prairies vallonnées et bocagères, marquant le début du Perche.

Éric Bouillie m'attend sur le quai de la gare datant du milieu du XIXe siècle, du temps où les voies ferrées étaient en plein essor. C'est la première fois que nous nous rencontrons. Mais nous ne sommes pas seuls. Une équipe de la chaîne M6 est sur mes pas. Cela fait plusieurs semaines qu'ils me suivent – avec mon accord – dans mes pérégrinations agricoles. Leur reportage sur la délicate et parfois improbable cohabitation dans nos campagnes, doit être diffusé à la fin du Salon. Que ce soit le conciliateur, ou qu'il s'agisse des voisins, personne ne sait encore que je suis accompagné par une équipe de reporters caméra au poing, prêts à capter le moindre éclat de voix lors de la négociation prévue cette après-midi-là. Et je dois convenir que celle-ci ne va pas être de tout repos quand on comprend l'origine du litige et le profil des plaignants campant obstinément sur leur position : ils ne sont pas venus vivre – récemment – à la campagne, à côté d'une ferme ancestrale, pour entendre des vaches meugler la nuit. Enfin, ça tombe sous le sens !

Éric Bouillie et moi, avons quasiment le même âge. Nous déjeunons ensemble avec sa charmante petite famille, laquelle est installée dans un de ces nouveaux pavillons qui fleurissent un peu partout dans nos campagnes. Une maison neuve dans laquelle on trouve le confort de la modernité auquel aspire, elle aussi, cette génération d'agriculteurs. Au fond, elle ne demande qu'à vivre dans les mêmes conditions que leurs lointains « cousins » des villes, avec un confort pareil au leur. Elle désire aussi que ses enfants, scolarisés en milieu rural, bénéficient des mêmes loisirs que ceux des villes. Les fils et filles d'agriculteurs ont désormais accès aux activités sportives, aux centres aérés, aux clubs ou colonies de vacances. Ils peuvent aussi avoir des moments de détente qui ne se limitent pas à aider leurs parents à la ferme. Un équilibre de vie qui paraissait inenvisageable aux temps anciens. L'époque où plusieurs générations d'agriculteurs vivaient sous le même toit dans la même ferme est révolue. Ceux qui ont vécu cette période connaissent les conflits qui naissent au cœur d'une même famille. Quand deux ou trois générations se côtoient dans quelques mètres carrés, n'est-ce pas propice à la discorde ?

Ce pavillon moderne où vit la famille d'Éric contraste avec l'habitation ancestrale de ses parents où le superflu n'a pas droit de cité, où tout doit être source d'économie. Les anciens vivent encore dans ce bâtiment historique, austère, d'une simplicité évangélique, un lieu dépouillé dans lequel rien ne semble avoir changé depuis plus d'une cinquantaine d'années. Depuis l'aube des temps…

Cette proximité a aussi ses avantages. À présent retraités, les parents d'Éric qui ont connu le dur labeur des champs et des bêtes durant toute leur vie, continuent d'aider leur fils : ce qui est pratique courante dans le monde agricole. Leurs propres parents n'avaient pas dérogé à la tradition. Comment cesser son activité du jour au lendemain pour une simple et stupide question d'âge… alors que l'on a travaillé toute sa vie, trois cent soixante-cinq jours par an, plus de dix heures par jour ? En outre, l'esprit d'entraide agricole pousse naturellement les parents à donner un coup de main à leur progéniture, surtout quand elle est seule à travailler sur l'exploitation.

Face à un père toujours présent, il faut donc pouvoir s'affirmer, trouver la bonne distance pour ne pas se laisser écraser. Éric avait donc besoin de cette salutaire indépendance et surtout de vivre « ailleurs ». Son paternel est un homme au caractère bien trempé, malgré son visage arrondi et souriant. Longtemps le fils a craint le père : c'est qu'on ne rigolait pas avec lui. Il avait sa vision de l'exploitation. Ce qu'il fallait faire ou non. Pas question de discuter. Vivre sous le même toit, au moment où il prenait les rênes de la ferme, eut été une hérésie.

Ces profondes différences de générations sous un même toit expliquent que la conciliation ne va pas se limiter à deux, mais bien trois parties en présence qui campent sur leur position : les voisins bien entendu, le fils et sa famille ainsi que son propre père… avec son approche. Je me retrouve au milieu de cet imbroglio ! Bien connaître les différents profils concernés est fondamental dans toute négociation. La conciliation se déroule dans la maison du droit et de la justice, un bâtiment du XIXe siècle situé en plein centre-ville de Nogent-le-Rotrou, récemment inaugurée en grande pompe dans d'anciens locaux administratifs de cette sous-préfecture de l'Eure-et-Loir. On la présente volontiers dans les quotidiens locaux comme le lieu où le droit est au plus près des administrés. Pourvu que ce soit le cas…

Le conciliateur est un ancien sous-préfet à la retraite. Il est impatient de trouver une solution – il a sans doute mieux à faire. Mais il est dépassé par la situation. Les caractères bien trempés des parties en présence n'arrangent pas les choses. Il pensait que ce petit litige se réglerait bien vite, avec un peu de bonne volonté ; il déchante rapidement… Une précédente réunion de conciliation à laquelle je n'avais pas assisté, s'était déjà révélée catastrophique : la voisine était partie en pleurs et son fil, sous le coup de l'émotion, avait menacé l'éleveur. Notre conciliateur a intérêt à prendre son mal en patience. L'équipe télévisée comprend très vite qu'elle n'est pas vraiment tolérée. Les voisins refusent d'être filmés, et encore moins d'être enregistrés. C'est donc sans caméras que les parties se retrouvent dans une salle exiguë, pour une séance présidée par le conciliateur quelque peu débordé par la situation qui s'envenime.

Quelle solution trouver pour limiter le meuglement de vaches quand on vit à proximité d'une ferme ? Autrement dit : quelle est la formule magique pour faire taire des bêtes habituées à meugler à toute heure ? Einstein aurait-il pu résoudre cette improbable équation ? De surcroît, les voisins ayant fait l'acquisition d'une ancienne grange transformée en résidence secondaire, on ne peut pas dire qu'il ne connaissait pas le caractère rural de l'endroit. Maudite maison de campagne qui frôle le pré où pâture le cheptel de la ferme… à laquelle appartenait ladite grange ! Existe-t-il dans le monde une race de vaches muettes ? Ou bien ne pourrait-on pas imaginer, peut-être, un concept de fermes d'élevage, mais sans bêtes ?

À première vue, aucune solution amiable n'apparaît envisageable. Il est en effet hors de question de déplacer les animaux, en l'absence d'autres prairies susceptibles de les accueillir – et encore pas trop loin de l'exploitation. De même, qu'il n'est pas question d'en limiter le nombre. En même temps, comment ne pas prendre en compte les larmes de la voisine ? On ne peut ignorer sa peine même si la demande paraît saugrenue.

Il faut sortir un plan cadastral pour étudier tous les scénarios possibles. Création d'un passage alternatif qu'emprunteraient nos néo-ruraux à l'opposé du chemin actuel ? Ce dernier, libéré d'un trafic externe à la ferme, pourrait être utilisé par les animaux dans leurs allées et venues entre les prairies et la salle de traite sans gêner les plaignants. Ou alors, plantation d'une haie suffisamment haute entre la stabulation et l'habitation des voisins pour amortir le bruit des meuglements ? Très vite, comme je le fais remarquer, chacun admet que la solution amiable ne se trouvera pas dans les minutes qui viennent, ni dans cette enceinte de médiation. L'idée d'une maison de la justice en cœur de ville trouve ses limites. C'est sur le terrain que pourra peut-être apparaître une solution valable et un règlement pacifique. Après une trentaine de minutes d'échanges vifs et peu constructifs, le convoi des belligérants prend la route de la ferme des Bouillie. Sous l'œil vigilant des caméras, un peu plus en retrait, qui cherchent toujours à capter la moindre étincelle pour faire de l'audience.

À ma demande, le maire de la commune est cette fois présent. N'est-il pas dans sa fonction d'assurer la paix sociale ? Je n'ai guère été satisfait par ses récentes interventions, il n'a pas fait grand-chose, espérant sans doute que les choses se règlent d'un coup de baguette magique sans qu'il n'ait eu besoin de trop se mouiller. Nous reparlerons plus tard de l'émergence de cette nouvelle génération de maires qui ne connaît pas son territoire. Elle est davantage intéressée par les pistes cyclables que par la pérennité de nos territoires. La situation est en tout cas fort claire : le maire se refuse à créer un chemin particulier qui grèverait le budget de la commune. Tout le monde s'accorde également à douter de la pertinence d'une haie qui bloquerait comme par miracle le meuglement des vaches (on peut rêver !). On se dirige finalement vers une solution plus simple : un engagement moral. Notre éleveur en fait la promesse : il ramènera immédiatement à l'étable les vaches qui meugleront trop fort pour l'oreille délicate de ses voisins. Compte tenu de la configuration des lieux, aucune autre issue à ce conflit ne peut être envisagée, sauf à suspendre l'activité de l'éleveur, ou à la délocaliser sur une autre parcelle : une décision radicale, encore plus coûteuse que les maigres idées précédemment émises. Si cette conciliation n'avait pas été placée sous le signe de la bonne volonté, à défaut de tout régler, nul doute que nos voisins déterminés seraient passés à l'étape suivante : saisir la justice ! Dans ce cas, c'est le magistrat et lui seul qui aurait apprécié la nature du litige : Monsieur le juge, à vous de décider si le meuglement des vaches constitue ou non un trouble de voisinage. Mieux vaut un bon accord à l'amiable qu'un mauvais procès qui mobilise du temps, de l'énergie et de l'argent. Et bloque nos tribunaux submergés de dossiers en souffrance.

Jusqu'au dernier moment, jusqu'au jour de la signature de l'arrangement à l'amiable – qui stipule noir sur blanc la promesse de l'éleveur qui veillera sur le meuglement de ses vaches et les enfermera à l'étable si nécessaire –, je rappelle à mon client la nécessité de ne surtout pas être en retard à la séance de signature des accords dûment rédigés ! Mais alors que débute la décisive réunion, mon éleveur est encore sur son tracteur finissant d'épandre de l'engrais dans ses champs. Il a fallu que j'appelle le conciliateur pour lui annoncer le retard indépendant de notre volonté. Et que je secoue mon client... Les parties ont finalement toutes signé la fameuse charte, et l'on reconnaît qu'elle a notablement amélioré leur quotidien à tous.

Dans cette affaire, comme dans bien d'autres de même nature, je constate que la présence d'un représentant du droit, totalement investi, a probablement permis d'éviter l'embrasement d'un ridicule litige qui n'en valait certes pas la peine. Je ferai le même constat dans tous ces dossiers qui empoisonnent inutilement les relations de voisinage. Un accord improbable, même absurde, reste nécessaire pour éviter le pire. Et même utile pour apaiser les rapports entre voisins. Nos jeunes agriculteurs négligent parfois la réalité des nuisances sonores de leur propre élevage. Ils ne sont pas en faute, non bien sûr. Ils doivent juste accepter de trouver des solutions acceptables pour une cohabitation pacifique avec certains des habitants totalement étrangers à leurs contraintes. La campagne est bruyante. Moins que la ville, tout le monde en conviendra. Mais elle ne garantit pas un silence de monastère. Et encore, même dans un monastère les cloches sonnent la messe.

Financièrement, n'est-ce pas l'intérêt de l'avocat d'attendre tranquillement que la justice soit saisie ? N'avais-je pas plus à gagner s'il y avait eu un procès ? Mais humainement, je dois choisir une autre voie que celle du profit immédiat. Je me refuse à oublier les valeurs qui me furent transmises par mes ancêtres et par mes anciens.

La paix n'a pas de prix.

VI
Paulette, femme, épouse, mère… et agricultrice

Cela s'est passé la veille de la signature de l'accord de conciliation dans l'affaire Bouillie : le dernier maillon de la chaîne familiale des Dufour de Daglan vient de quitter ce monde. Paulette, celle qui m'a transmis ces valeurs, celle qui m'a donné cette compréhension du monde agricole, s'en est allée.

Paulette, née Paule Richard, n'a jamais quitté son village, comme bon nombre de paysans avant elle. Elle a vécu son existence dans un monde relativement clos, là où hommes et femmes se consacrent quasi continuellement au travail de la terre. Marminiac, ce village lotois où elle naquit, ne vivait qu'au rythme des travaux agricoles qui renforcent l'unité du village. C'était une époque où l'agriculture était d'abord une affaire d'hommes, une activité que l'on se transmettait de père en fils. Les femmes travaillant dans les fermes n'étaient en somme considérées que comme des épouses d'agriculteurs et non comme des agricultrices à part entière. Faut-il rappeler que le mot agricultrice n'apparaît officiellement dans le

Larousse qu'en 1961 ? Pour la société, avant 1980, les femmes ne travaillent pas ! Nuance : elles aident leur mari, et rien d'autre. Après cette date, elles acquièrent enfin le statut de co-exploitante. En 1985, elles obtiennent le droit d'être associées à leur mari. Le statut de « conjoint collaborateur » n'existera qu'à partir de 1999. Autant dire hier, à l'échelle du temps. Pourtant, Paulette n'a pas attendu ces évolutions législatives pour se faire reconnaître en tant que femme agricultrice. Elle est devenue incontournable auprès d'André Dufour, qu'elle épousa en 1948, et fut au cœur du fonctionnement de la ferme familiale en polyculture élevage, ici, chez nous, sur les hauteurs de Daglan.

Paulette portait de multiples casquettes – comme bien des femmes : épouse, maman, cheffe d'entreprise, éleveuse, bergère, soutien moral de sa famille. Ne dira-t-on jamais assez tout ce que l'homme doit à la femme qui fut si peu considérée au fil des siècles ? L'agriculture n'était pas pour elle un métier. C'était bien plus, son mode de vie. Elle aura embrassé la condition agricole sous tous ses aspects. Avec ses joies et ses peines, ses difficultés, ses aléas, et surtout ses travaux si pénibles et si rudes pour le corps.

Pour se déplacer, elle se promenait sur les chemins avec une petite carriole à deux roues, qu'elle tirait à la main. Elle y mettait des outils pour travailler la terre, de la ficelle, des sacs et tout un tas d'autres bardas. C'était sa voiture. On savait qu'elle arrivait quelque part, car son chien la devançait toujours de son pas lent et routinier. Elle faisait sa pose sur un petit champ qui surplombe Daglan. C'est là qu'elle avait fait déplacer une énorme pierre d'un bâtiment ancien de la ferme, pour en faire un banc, « son » banc. Enfant, j'avais l'habitude de la retrouver à cet endroit précis, et de m'asseoir à ses côtés : nous pouvions alors contempler, tous les deux, ensemble, les quatre cents ans de notre histoire familiale. Cette vieille pierre était comme l'espace délimitant notre petit salon privé. Un jour, alors que je lui annonçais mon départ pour l'Inde pour une durée de dix-huit mois, elle m'avait confié après un moment d'incompréhension et de long silence : « Va savoir… Si j'avais eu cette opportunité à ton âge, peut-être que je serais également partie ! » Comment savoir Paulette, toi qui as voué ta vie entière à la terre de nos ancêtres ? Mais cette réflexion aussi soudaine qu'inattendue était également comme un encouragement à poursuivre mon rêve, le signe de son ouverture d'esprit sur le monde qui l'entourait. Les anciens ne sont jamais dénués de sagesse. Paulette était une sage ! Je l'aimais tant.

Elle s'en est allée dans sa 96e année. Le fil rouge est heureusement maintenu. Nous nourrir était son métier. Le défendre est aujourd'hui ma vocation, en étant, dans les prétoires, aux côtés de ceux qui nous nourrissent et que l'on attaque odieusement. Notre passion commune pour la terre perdure et se transmet…

VII
Le serment de Saint-Aubin-en-Bray

Tandis que je remonte l'escalator du métro parisien pour me rendre à mon bureau, des SMS tombent en cascade sur mon portable.

D'anciens camarades de faculté de Nancy m'informent d'une nouvelle affaire « agricole » qui défraie la chronique. Un lien renvoie vers un article publié ce 10 mars 2022, dans les *Dernières Nouvelles d'Alsace* : « Condamné pour le bruit et l'odeur de ses vaches : "C'est la fin de mon exploitation", réagit l'agriculteur ». Après le meuglement des unes, l'odeur des autres. Ces vaches sont insupportables ! Décidément, le monde agricole ne cesse d'être en butte à ces visions urbaines totalement décalées. Et il subit toujours ces attaques d'une même nature que l'on pourrait résumer ainsi : « Chers agriculteurs, on vous adore, on est bien nourri grâce à vous… Mais allez vous faire voir ailleurs, vous et vos bêtes sales et bruyantes ! »

Je prends donc connaissance, dans le détail, de l'affaire et de la condamnation totalement inattendue, improbable… en raison de nuisances émises par ce troupeau de vaches laitières. Ai-je bien lu ? Condamner un agriculteur à cause de ses vaches ! Quand condamnera-t-on un citadin vivant à la campagne, à cause du bruit que fait sa voiture lorsqu'il la démarre au petit matin ? Après tout, le ronronnement du moteur peut perturber de paisibles vaches dans leur champ. J'y songerai… C'est un élu des Yvelines qui m'a rapidement mis en contact avec l'éleveur. Je tombe sur sa mère. Elle a la voix faible. Elle est inquiète. Elle ne comprend pas ce qui arrive à son fils… Condamné. Jamais elle n'aurait pensé qu'un beau matin, en France, là où Sully rappelait au bon roi Henri IV que « labourage et pâturage sont les deux mamelles dont la France est alimentée », on rabaisserait à ce point nos paysans.

Le soir même, Vincent me rappelle et nous nous mettons immédiatement d'accord, lui et moi, pour mener ce combat ensemble. Même s'il ne comprend pas très bien, lui non plus, ce qui lui vaut d'être entraîné dans une si absurde situation. Nous parlons le même langage : celui de la terre. Il est temps, à nouveau, d'aller sur les pâturages de la justice labourer une vérité que certains ne veulent pas entendre. Sully, protège-nous…

C'est à la lecture de la décision de la cour d'appel d'Amiens datée du 8 mars 2022, que Vincent m'a transmise, que je mesure la gravité de l'affaire. Plus de cent dix mille euros de dommages-intérêts doivent être versés par notre éleveur à la dizaine de voisins plaignants qui se disent indisposés. Cette fois, ce n'est pas une ou deux personnes, mais une armée d'habitants en colère qui se plaint des activités du jeune éleveur et qui est prête à en découdre ! Pire, Vincent doit impérativement entamer de lourds travaux de mise aux normes de ces bâtiments pour réduire toutes les nuisances incriminées. À défaut, ce sera la destruction de la nouvelle étable qui ferait de l'ombre à ses voisins. Quand je lis ces quelques lignes, je me demande si l'État est bien conscient du mal que l'on fait à nos agriculteurs.

Ce bâtiment de 2 800 mètres carrés, édifié il y a quelques années pour un montant de six cent mille euros, est absolument nécessaire pour assurer le développement de sa ferme. Si un agriculteur ne peut faire les investissements nécessaires pour moderniser son outil de production tout en améliorant les conditions de travail nombreuses, autant mettre la clef sous la porte. Rien qu'en dix ans, la France a perdu plus de cent mille exploitations. Cette décision de justice apparaît inéquitable et même totalement déraisonnable. Les dommages et intérêts demandés au condamné semblent disproportionnés : Vincent ne peut pas sortir une telle somme de son compte en banque et toutes les vaches du monde ont la même odeur, laquelle parfume nos campagnes depuis des temps immémoriaux. Mais surtout, est-il besoin de rappeler que Vincent est condamné pour n'avoir exercé que son métier, dont il vit et par lequel il fait vivre les autres en les nourrissant.

Ce n'est donc pas simplement un agriculteur qui est affecté par un pareil jugement mais le monde agricole dans son ensemble, particulièrement la filière de l'élevage. Avec de telles décisions, on finira par éradiquer l'élevage de France et de Navarre. Vincent Verschuere devient très vite le symbole de ce grotesque décalage culturel entre villes et campagnes. Une telle décision ne peut que raviver un climat délétère de tensions entre ces deux mondes qui se regardent trop souvent du coin de l'œil. On voudrait souffler sur les braises, on ne s'y prendrait pas autrement.

Un étrange mouvement de dénigrement de l'agriculture est apparu ces dernières années. Un nouvel anglicisme le résume : l'*agribashing*. On dira peut-être que j'exagère. Que je ne suis, après tout, que le défenseur de la cause agricole et donc que mes propos sont forcément orientés. Cependant, certaines ONG s'en donnent à cœur joie en taxant ouvertement les paysans de pollueurs : notamment à cause du gaz émis par les rots des vaches (CH_4) plus que par les pets (comme certains l'ont affirmé un peu trop hâtivement), de maltraiter leurs animaux ou de détourner l'eau à leur profit. Ce courant de pensée s'installe petit à petit, insidieusement dans les couches de notre société. Et si les paysans nuisaient à nos vies, à la nature, à la France ? Déclarons-leur la guerre du savoir-vivre !

Mais à force de lancer des accusations à tout va, on risque l'effet boomerang. Or le cas de Vincent, c'est l'affaire de trop ! Celle qui fait déborder le vase. Elle provoque l'incompréhension du monde rural… mais aussi des élus et des médias. Il est vrai que depuis l'épidémie de Covid, les agriculteurs sont revenus en grâce aux yeux de l'opinion. Ce qui n'est que justice, si je puis dire les choses ainsi. Le cas Verschuere qui aurait donc pu rester une affaire locale, va vite prendre une ampleur nationale. Elle sera à l'origine d'une profonde prise de conscience de nos députés et sénateurs : il devient urgent de modifier la législation et de l'adapter aux évolutions de la société. Ne pas pénaliser nos activités agricoles est le mot d'ordre. Le cas de Vincent, hélas, semble prendre le chemin opposé…

Les réseaux sociaux s'emballent. Les messages de soutien à Vincent se multiplient. Des mobilisations s'organisent dans nos campagnes. En mai 2022, une importante manifestation qui doit marquer le coup est organisée à Saint-Aubin-en-Bray. Des centaines de personnes se rassemblent sur la place de ce village au cœur de l'Oise. « Nous sommes tous des Vincent Verschuere potentiels ! », « Se battre pour Vincent, c'est cultiver l'âme de nos campagnes vivantes de demain ». Les messages scandés par la foule et affichés sur de larges banderoles traduisent l'inquiétude qui s'empare du monde agricole, abasourdi par le sort réservé à l'un des leurs. Cela se passe quelques semaines à peine après le rendu de la décision de la cour d'appel d'Amiens. Je me faufile dans la foule. Ils sont agriculteurs, élus de chambres d'agriculture, syndicalistes, habitants des territoires ruraux, élus de la République. Ils viennent des quatre coins de la France. Certains ont parcouru plusieurs centaines de kilomètres.

C'est au cours de cette manifestation, où nous nous sommes donné rendez-vous, que je rencontre Vincent pour la première fois, après nos échanges téléphoniques. Nous sommes de la même génération. Je découvre son visage tiré par la fatigue et les nuits sans sommeil. Il est KO à cause de la décision de justice. Il ne sait pas comment il va s'en sortir. J'ai beau être là à ses côtés, trouver quelques mots fragiles pour le rassurer, je sens bien que son sourire de façade cache mal une angoisse plus sourde. Quand je commençais ma carrière d'avocat, il recevait déjà ses premières lettres recommandées. Des dizaines de missives agressives, rédigées par une escouade de voisins incommodés et en colère, ont transité sur le territoire de la petite commune de Saint-Aubin-en-Bray, d'abord déposées au bureau de poste du village, puis remises régulièrement à Vincent par son facteur. On peut même dire que les voisins acharnés savouraient leur action sournoise et torturaient moralement notre éleveur aux abois : les lettres n'arrivaient à la poste que le samedi matin juste avant la fermeture du bureau. Vincent ne découvrait la logorrhée offensante que le lundi matin, histoire de bien commencer sa semaine. Avec de si aimables et bienveillants voisins, on n'a plus besoin d'ennemis. Des tas de lettres encombrent son bureau. Sans oublier nos amis les huissiers venus à maintes reprises, et les multiples convocations au tribunal de Beauvais. Comme dit Laurent Gerra en imitant Patrick Sébastien : « C'est que de l'amour ! »

Le cortège de la manifestation, suivi par une nuée de caméras de télévision, se dirige vers la ferme du condamné, implantée au centre de la petite commune rurale. Le village comporte plusieurs exploitations agricoles. La spécificité de ces territoires du nord et de l'est, c'est l'intégration des fermes dans les bourgs, « entre l'église et la mairie », comme on dit dans ces coins-ci. Certains prétendent que ces implantations d'exploitations agricoles au cœur des villages visaient à se réchauffer les uns contre les autres dans un climat plus rude, loin d'être aussi tempéré que celui de ma Dordogne natale. Chez nous, les fermes familiales sont situées à plusieurs kilomètres du centre du village au milieu des champs et des vignes.

Or c'est précisément cette proximité entre la ferme et le bourg qui est à l'origine du litige. Il suffit de se rendre sur place pour constater la réalité: la stabulation est située à moins de 100 mètres des premières habitations. Une règle établie peut néanmoins permettre à l'agriculteur de demander une dérogation préfectorale. Ce qui a été le cas ici: Vincent a reçu toutes les autorisations officielles pour poursuivre sereinement son activité d'éleveur dans le bourg. Alors que l'on m'explique cette singularité: pourquoi a-t-il été condamné s'il est autorisé à élever ses bêtes au village? Mais peut-il en être autrement lorsque les fermes sont situées dans les bourgs? Les mètres carrés dont disposent nos agriculteurs sont nécessairement limités. Et lorsque, pour des raisons de mise aux normes européennes et de modernisation d'activité, il faut s'agrandir, on n'a plus le choix. Lois contre lois. Illogisme à tous les étages!

Tout le monde a parfaitement compris l'impact de cette affaire et son effet cascade dans le territoire de l'Oise, et plus largement dans la France rurale, où plus de deux cents fermes bénéficient de ces dérogations préfectorales. Ne nous voilons pas la face: si les choses continuent ainsi, demain ce seront des dizaines de Vincent qui se retrouveront dans nos tribunaux, sommés de déguerpir, poussés à disparaître, corps et biens.

Durant la manifestation, sur une tribune improvisée, une sono et des haut-parleurs crachent de la musique d'ambiance entrecoupée par ceux qui prennent la parole pour soutenir leur collègue et ami. Ce plateau transporte d'habitude des bottes de foin et de paille. Je suis là, dans la foule, à côté de Vincent qui se sent un peu moins seul…

Luc Smessaert, vice-président de la chambre d'Agriculture de l'Oise et Régis Desrumaux, président de la FNSEA du département, viennent vers moi et me demandent de prendre la parole avant Xavier Bertrand, président du conseil régional des Hauts-de-France dont la venue est annoncée. Ce n'était pas prévu. Je me lance sans notes dans un discours d'une dizaine de minutes. Une sorte de plaidoirie improvisée. J'emprunte sans hésiter ces mots emblématiques du pape Jean-Paul II: « N'ayez pas peur… N'ayez pas peur des robes noires, des huissiers, des recommandés, des prétoires. » Je trouve alors à chaud une formule inspirée que je ferai mienne en de moultes occasions : « Nous nourrir est votre métier, le défendre est notre devoir. » Puis, j'expose publiquement mon sentiment sur cette déplorable affaire de voisinage polluant. « Qui est-ce que j'ai vu ? J'ai vu un père de famille dont la vie a été façonnée par un contentieux qui dure depuis plus de dix ans. Il aura passé plus d'un tiers de sa vie dans des procès. Lorsque je commençais à peine ma vie d'avocat, il recevait sa première lettre recommandée. Et ce n'est toujours pas terminé. »

Je continue mon discours en insistant sur la dimension humaine de l'affaire qui nous réunit tous sur cette petite place de village. « J'ai vu un père de famille, un homme dont le projet de vie était tout tracé. Ses parents, un couple qui transpire le travail et la persévérance, devaient lui remettre les clés de la ferme familiale passé l'âge de 30 ans. Tout ne s'est pas passé comme prévu à cause de certains voisins. »

J'ai mis tout mon cœur et ma passion à défendre et soutenir ce monde d'où je viens. Je me bats pour ralentir ces actions qui n'en finissent pas et pourrissent l'existence d'hommes et de femmes courageux. Je me bats pour éviter que tout cela se termine au tribunal, pour éviter des dommages collatéraux parfois extrêmement violents. Dire qu'il y a encore quelques années à peine, il suffisait de se taper dans la main pour emporter une vente ou pour régler un litige à l'amiable, loin des salles d'audience, sans haine. C'était un temps que les moins de vingt ans auraient dû connaître… Un temps où les habitants du monde rural connaissaient les us et coutumes, se parlaient, se respectaient, s'estimaient… Une vache meuglera toujours. Un coq chantera à la lueur du jour. Une grenouille coassera au printemps naissant. Ce discours improvisé sur une antique charrue était certainement ma première plaidoirie en dehors d'un tribunal. Mais c'est au plus près du terrain que les idées ont la meilleure opportunité d'aboutir et que les bonnes volontés ont le plus de chance de s'exprimer et de s'entendre.

C'est ce jour-là que mon amitié avec Christiane Lambert s'est littéralement nouée. La présidente de la FNSEA m'avoue avec émotion qu'elle a eu la chair de poule en m'écoutant. « L'agriculture a trouvé son défenseur », me dit-elle. Inutile de le cacher : j'en ai été fier. Un tel compliment me touche. Mais surtout il donne raison à ma décision : partir en campagne pour nos campagnes. Défendre coûte que coûte le paysan. Ne pas laisser plier l'agriculture sous les coups violents d'individus sournois et irresponsables. Le plus amusant, ce jour-là, c'est qu'avant mon intervention, Christiane Lambert avait affirmé haut et fort au micro : « Les agriculteurs n'ont que faire de se retrouver avec des avocats dans les pattes et des procès ! » Aurait-elle changé d'avis en m'écoutant ? Au moins sur la présence d'un avocat pleinement engagé pour la cause agricole. J'en suis, ma foi, honoré.

Durant cette manifestation, je dois l'avouer sans esprit partisan, Xavier Bertrand m'a inspiré un respect immédiat. Lorsqu'il prend la parole, il ne tourne pas autour du pot, ni autour de l'étable. Ses mots frappent immédiatement l'audience : « Si demain, il y a des problèmes de trésorerie, la région répondra concrètement financièrement », annonce-t-il. Simple promesse d'élu, sans lendemain ? Pas le genre de l'ancien ministre : la promesse sera concrétisée avec le vote, quelques mois plus tard, d'une avance remboursable de quarante mille euros. Tous ses engagements pris ont été tenus. Vincent peut lui-même en témoigner. Rares sont les élus dont la parole est suivie d'actes concrets et immédiatement mis en œuvre. Ce fut le cas ici. Je tenais à la souligner.

Le moment le plus touchant de cette manifestation sera sans doute de voir cette assemblée d'inconnus solidaires faire un serment public : celui de ne jamais lâcher Vincent Verschuere. Parce qu'ils le savent tous, ceux-là qui scandent leurs slogans à en perdre la voix : ils doivent se serrer les coudes. Ils doivent faire bloc derrière un éleveur rejeté par ses voisins, tout ça parce qu'il a des vaches… Et c'est tout un métier qui se trouve en danger. Qu'en sera-t-il demain si la moindre nuisance agricole, sur une terre agricole, dans un bâtiment agricole, dérange le moindre riverain méconnaissant la vie rurale ? Faudra-t-il exiler tous nos « bouseux » sur une île au large des continents, pour ne surtout pas gêner les âmes et les narines sensibles ? Comment se nourriront-ils tous ceux-là qui conspuent nos ruraux ? Pas certain que des sachets lyophilisés fassent l'affaire. L'assemblée fait aussi le serment d'obliger les pouvoirs à mener une réflexion au niveau national pour qu'une pareille affaire – ridicule et nuisible – ne se reproduise plus. Car l'inquiétude, la véritable crainte, c'est l'effet domino pour nos trois cent quatre-vingt mille fermes…

La même question obsède tous les grands élus : devons-nous ou non introduire un pourvoi devant la Cour de cassation, celle-ci n'étant que le juge du droit et non des faits ?

On peut se poser toutes les questions légitimes, chercher de nouvelles voies, de nouvelles lois qui permettront d'apaiser les esprits… Mais pour le moment, là tout de suite, il en va de la survie de la ferme de Vincent. Face à lui, des voisins décidés à faire déplacer son exploitation, loin, très loin et surtout en dehors du bourg… Ils ont perdu la raison. Une fois encore, je veux croire à la possibilité d'un dialogue. On me prendra pour un doux idéaliste. Un brave garçon qui rêve haut et fort à une concorde naturelle entre belligérants. Mais je ne vois pas d'autre manière, plus responsable, de commencer à traiter ce genre d'affaire polluante pour toutes les parties. Il serait plus facile de tout laisser pourrir et d'attendre la décision d'un tribunal. Que d'énergie perdue !

Pour l'heure, et à mon initiative, une réunion plus technique s'organise sous l'égide du conseil régional : elle associe différents intervenants – élus, syndicats, juristes, fonctionnaires – qui vont nous guider. L'objectif est de passer en revue les perspectives qui s'offrent à nous : qu'elles soient juridiques, politiques ou administratives. S'il faut aller jusqu'à la Cour de cassation, nous irons ! Rien ne doit être laissé au hasard. Il faut surtout inviter le législateur à modifier le cadre légal et réglementaire. Place donc à la stratégie politique. Au-delà de la décision prise d'introduire un pourvoi devant la Cour de cassation, avec l'appui de la FNSEA, le principe de travailler avec la Chancellerie est acté : il s'agit d'obtenir une véritable réforme de la responsabilité civile. Pour exclure la responsabilité de l'agriculteur lorsque l'activité préexistait. Pour l'exclure également lorsque l'activité évolue. C'est le message que j'entends porter en personne devant le garde des Sceaux.

*

La place Vendôme est certainement l'un des endroits les plus luxueux de Paris et probablement du monde. Les plus grands bijoutiers ont leur devanture sur cet espace minéral où se dresse la célèbre colonne en bronze provenant de la fonte des canons de la bataille d'Austerlitz. À plus de 44 mètres de hauteur domine Napoléon Ier, le père du cadastre et du Code civil toujours en vigueur deux cent vingt ans après. Et il faut bien le reconnaître, les ajouts d'articles sont rares ; on ne touche pas comme ça au Code civil !

Pourtant, le ministre de la Justice envisage bel et bien, cette fois, d'insérer un nouveau chapitre à notre Code pour aider les pères nourriciers de la France à exercer leur mission sans qu'elle ne soit remise en question par des courants dogmatiques ou des voisins incommodés. C'est à ce propos que je vais à sa rencontre.

L'entrée de la Chancellerie se trouve juste à côté du célèbre palace, le Ritz. Les fenêtres des suites aux grands rideaux voluptueux sont ouvertes, donnant sur la cour d'honneur du ministère. Je décline mon identité à un huissier qui m'accompagne jusqu'au premier étage par un escalier en pierre. Je me retrouve dans le grand hall d'attente de la Chancellerie. Tous les portraits en noir et blanc des cent quarante-quatre gardes des Sceaux en exercice qui se sont succédé sont accrochés au mur.

Le garde des Sceaux me reçoit dans son vaste bureau dont la vue donne sur un jardin qui nous ferait presque oublier que nous sommes à Paris. Il me salue chaleureusement avec cette voix forte et grave qui en impose dans ses plaidoiries. Il a donc honoré son engagement pris devant témoins, au Salon de l'agriculture : me recevoir et discuter ensemble de la question sensible des conflits en milieu rural. L'objet de cette rencontre est d'éviter que de nouvelles affaires Verschuere ne se reproduisent et rendent impossible toute évolution d'activité agricole en France !

Deux journalistes de M6 m'accompagnent dans le cadre du reportage que la chaîne me consacre. Bien entendu, j'avais pris soin de prévenir le ministre : je lui avais demandé s'il ne voyait pas d'objection à la présence de caméras, du moins au début de notre discussion ; il m'avait donné son accord. La présence de caméras de télévision appuie ma démarche et médiatise nos engagements. Quand j'arrive, l'équipe de M6 est déjà en place. L'ambiance n'en est pas moins solennelle. Quelques images sont enregistrées. Nous discutons un peu, j'amorce le sujet qui m'amène dans son bureau. Puis les journalistes remballent et nous laissent en tête à tête. Nous prenons place dans les étroits petits fauteuils d'époque installés face à son bureau.

Pendant plus d'une demi-heure, je lui expose plusieurs cas concrets avec un objectif précis. Le sensibiliser aux litiges qui sont en lien avec des activités déjà existantes lors de l'arrivée de voisins plaignants. Mais j'évoque aussi ces litiges qui surviennent du fait de l'évolution de l'activité postérieure à l'installation de ces néo-ruraux. Bien évidemment, Vincent Verschuere est au cœur des débats, et le ministre de la Justice, qui se doit de garder une impartialité conformément à la séparation des pouvoirs, est parfaitement au courant des tenants et aboutissements de cette affaire. Nous convenons que je lui remette une proposition de texte dans les prochaines semaines sur la base de laquelle les services de la Chancellerie travailleront avec les parlementaires et les représentants du monde agricole dans un calendrier très serré. Le ministre de la Justice veut agir vite avec une loi qu'il souhaite voter avant la fin de l'année. Ce qui implique qu'elle soit validée tant par l'Assemblée nationale que par le Sénat.

Éric Dupond-Moretti tiendra son calendrier, ce qui, là aussi, est assez rare pour être souligné.

La proposition de loi est enregistrée à l'Assemblée nationale avant l'été 2023, et sera débattue à la rentrée suivante. C'est la députée et agricultrice du Morbihan Nicole Le Peih qui en est la rapporteuse. Votée en décembre 2023 au palais Bourbon puis au Sénat en janvier 2024, elle sera adoptée définitivement le 11 avril 2024, et promulguée le 15 avril par le président de la République. Une victoire pour la cause rurale. Mais une loi ô combien légitime pour un monde agricole fragilisé par des attaques despotiques et dangereuses pour l'avenir d'une profession essentielle à la vie d'une nation.

D'aucuns n'ont pas vu la nouveauté de ce texte législatif court et concis. Et pourtant, il protège l'antériorité de l'installation de l'agriculteur par rapport à la venue de nouveaux voisins. Ce qui constitue un premier point important. S'ils s'installent alors que la ferme est déjà en place, ils ne peuvent contester les nuisances habituelles d'une exploitation agricole. Ce qui va enfin réduire considérablement les actions abusives. En outre, la loi introduit la notion de protection de l'évolution d'activité : tout agriculteur est amené à faire évoluer sa ferme en fonction des besoins de sa clientèle et de l'amélioration des techniques s'il ne veut pas mettre la clef sous la porte. Un deuxième point tout aussi important que le premier. L'agriculteur peut enfin se sentir un peu mieux protégé par les pouvoirs publics.

Avant de nous quitter, le ministre me montre le grand sceau de France utilisé pour sceller certains textes importants, comme ceux relatifs à la Constitution. Autant dire rarement. Mais c'est prémonitoire. Le dernier changement constitutionnel est intervenu le 8 mars 2024 avec l'insertion d'un dix-septième alinéa de l'article 34 de la Constitution sur la liberté garantie à la femme d'avoir recours à une interruption volontaire de grossesse. Quoi qu'il en soit, en sortant de son bureau, je n'ai plus de doute sur les intentions de mon illustre interlocuteur et de la suite qui sera donnée à mon combat. Le principe d'une grande révision du Code civil est définitivement acté par les plus hautes autorités de l'État. Le garde des Sceaux semble d'ailleurs avoir fait de cette réforme une affaire personnelle. D'un amoureux de la nature et de la ruralité, cela ne peut m'étonner.

Les pancartes apposées à l'entrée de leur commune par certains maires excédés à cause des comportements de leurs nouveaux administrés, ces néo-ruraux frondeurs, doivent, selon le ministre, devenir obsolètes grâce à cette loi nouvelle. Éric Dupond-Moretti fait référence au maire de Saint-André-de-Valborgne, lequel avait carrément fait accrocher un panneau ainsi rédigé à l'entrée de son village : « Ici nous avons des clochers qui sonnent régulièrement, des coqs qui chantent très tôt, des agriculteurs qui travaillent pour donner à manger. Si vous ne supportez plus cela, vous n'êtes pas au bon endroit, sinon nous avons de bons produits du terroir. » Ce nouveau texte législatif devrait, je l'espère de tout cœur, calmer les esprits. Et mettre un peu de plomb dans la tête de ceux qui rêvent d'une campagne sans animaux, sans tracteurs, sans fermes, sans agriculteurs.

La profession agricole demeure alors persuadée que la Cour de cassation, si elle devait être saisie sur le cas de Vincent, prendra en compte cette évolution espérée, dans la décision attendue. La présidente de la Cour appelée à statuer dans l'affaire Verschuere n'a-t-elle pas d'ailleurs été auditionnée devant l'Assemblée nationale et au Sénat ?

*

« Rejet du pourvoi introduit par l'EARL Verschuere »... La décision de la Cour de cassation du 7 décembre 2023, une dizaine de pages, douche les espoirs de la profession agricole. Peu de chance de voir casser une décision susceptible de faire jurisprudence. Et d'encourager de nouvelles plaintes arbitraires de la part de mauvais coucheurs. Pourquoi, du reste, se gêneraient-ils ? La Cour de cassation vient de leur donner du grain à moudre. Qu'ils portent plainte pour vaches odorantes ou cochons sales en milieu rural, on finira par leur donner raison. Ce monde marche sur la tête...

L'arrêt tombe comme un couperet froid et glacial. Je le vis comme une défaite personnelle. Un goût amer reste au fond de ma gorge. J'ai pris en charge le dossier Verschuere après sa défaite devant la cour d'appel d'Amiens, persuadé que la Justice, en dernière limite, mesurerait l'inanité des rendus précédents.

Condamner un éleveur pour la seule et unique raison qu'il accomplit son travail d'éleveur. Le dossier était certes délicat à défendre. Car la Cour de cassation, faut-il le rappeler, ne juge jamais sur le fond, mais uniquement sur la forme. Néanmoins, je me suis impliqué corps et âme – et de façon bénévole – pour défendre cet agriculteur. J'y ai vu cette éternelle, cette radicale incompréhension que nourrissent ceux qui ne connaissent rien à l'agriculture. Qui ne savent rien de ses contraintes. Je devine que Vincent se sent, lui, un peu plus seul. Au fond d'une impasse. Mais sur terreau de procédures iniques, une sourde colère gronde dans les campagnes. Ce terreau sur lequel, quelques mois plus tard, germeront des barrages routiers de tracteurs partout en France.

La décision de la Cour de cassation m'oblige à communiquer sans tarder. Ne pas laisser la situation tiédir. Une fois encore les médias me seront précieux dans leur souci d'informer le grand public. La presse sait que la décision doit tomber en début d'après-midi. J'appelle immédiatement Régis Desrumaux qui a déjà pris ses dispositions pour rester aux côtés de Vincent et lui apporter tout le réconfort possible. Dans ce genre situation, le sentiment d'abandon est puissant. Du bout des lèvres, Régis prononce ces mots hésitants : « Je serai avec lui… Au cas où, on ne s'est jamais. Enfin on ne peut pas, on ne doit pas le laisser seul. » Le désespoir est un mauvais conseiller, Vincent doit sentir immédiatement autour de lui une ceinture de solidarité.

Lorsque je l'appelle, je perçois dans sa voix un curieux mélange d'acceptation et de colère. Il est sous le choc, une fois de plus KO. Il avait encore une lueur d'espoir : les choses se retourneraient en sa faveur. La Cour de cassation ne pouvait quand même pas confirmer deux décisions insoutenables. Et pourtant nous nous étions solidement préparés : le dossier constitué avait été le fruit d'une longue concertation menée avec la région Hauts-de-France et la FNSEA. Mais les voies de la Justice sont, elles aussi, parfois impénétrables.

Dans l'intervalle, l'information a fuité sur les réseaux sociaux. Le rejet du pourvoi est repris en chœur par les médias. J'échange par SMS avec Luc Smessaert, Nadège Lefebvre, présidente du Conseil départemental de l'Oise, et Xavier Bertrand, tous ceux qui se sont battus pour Vincent. C'est à moi de les appeler avant qu'ils n'apprennent la nouvelle dans la presse. S'ensuivent plusieurs échanges avec Arnaud Rousseau, tout nouveau président de la FNSEA. Il sait la gravité de la situation. Il me demande mes observations. Le patron du premier syndicat agricole français veut maîtriser tous les paramètres. Il se sait, lui aussi, attendu sur ce terrain miné. Il m'a prévenu : il fera de cette affaire un *casus belli*. Cette fois, la ligne rouge est franchie. Dans une interview à paraître dans *Le Figaro* le soir même, il avertit l'opinion publique et alerte les responsables politiques : « L'exaspération des agriculteurs est totale. » Et il poursuit avec, en filigrane, une menace à peine voilée : « Cette affaire [...] renvoie une image déplorable de la société vis-à-vis des agriculteurs, qui nourrissent la population. Cela ne contribue pas à calmer la colère des exploitants qui vivent très mal les conséquences de ce jugement. »

Condamner un paysan à payer plus de cent mille euros à ses voisins parce que ses vaches font du bruit, émettent des odeurs... Quel manque de bon sens flagrant! Le mouvement de colère des agriculteurs, en janvier 2024, a été approuvé par 90 % des Français interrogés dans le cadre d'un sondage à l'échelle nationale. La gêne occasionnée par des centaines de tracteurs – formant autant de barrages routiers un peu partout en France, et plus encore autour de la capitale – ne semble pas avoir influencé l'opinion publique. D'ordinaire, à la moindre grève (SNCF, RATP, écoles...), les Français froncent les sourcils et se rebiffent. Mais là, changement de posture. Ils comprennent la colère de leurs agriculteurs. Ils savent ce qu'ils leur doivent de génération en génération. Ces hommes et ces femmes de la terre n'en peuvent plus. On ne cesse de les accuser de provoquer des nuisances. Alors que ce qu'une poignée d'ignares nomme « nuisances » fait partie de la vie rurale depuis des siècles. « Il est urgent de rappeler les injonctions contradictoires de la population qui veut plus d'aliments locaux mais n'assume pas les conséquences qui en découlent. Elle veut moins d'engrais fossiles mais en même temps n'accepte pas l'odeur du fumier », conclut Arnaud Rousseau dans son interview au *Figaro*.

Au bout du fil, je lui ferai cette confession : « Arnaud, si j'avais été ministre en poste, face à une telle décision, j'aurais démissionné. » Mes mots sont excessifs, je m'emporte. On pourra même me reprocher d'avoir fait du dossier de Vincent, là aussi, une affaire personnelle. Mais que l'on n'en doute pas : c'est le cas pour toutes les affaires qui touchent nos agriculteurs. J'en ai fait un principe. Venir en aide à tous ceux de la terre. Pas question d'être seulement un avocat de dossiers. De rester le nez dans des dizaines de chemises cartonnées, gonflées d'interminables rapports. Je veux être là où commencent les combats. Là où ces hommes et ces femmes sont à la peine. Marcher avec eux dans la boue de leur ferme. Cela explique d'autant mieux pourquoi cette décision de la Cour de cassation est un revers personnel. J'ai du mal à la digérer. Certes, ce dossier, je l'ai récupéré en bout de course. Dix ans de contentieux. Je ne suis intervenu que dans la dernière ligne droite. L'affaire semblait mal engagée, à ce stade, surtout après l'annulation du permis de construire pour agrandissement de l'exploitation. Pour autant, dans quelle mesure peut-on parler de trouble anormal dans un village rural, face à une exploitation transmise de père en fils ? Le cheptel n'existait-il pas avant l'homme, et avant les voisins en l'occurrence ? Comment oser encore parler de « nuisances » en désignant une activité agricole en milieu rural ? J'ai eu beau mille fois me répéter cette cruelle réalité, je n'arrive pas à croire en la folie des hommes !

Je rédige une dépêche pour évoquer cette défaite : « La Cour de cassation a rejeté ce jour le pourvoi introduit par l'EARL Verschuere contre l'arrêt de la cour d'appel d'Amiens du 8 mars 2022. C'est une immense déception. » Quelques mots simples qui traduisent mon désappointement.

Ce genre de décision paraîtrait inimaginable cinquante ans en arrière. C'était la grande période de la révolution verte. L'agriculture était en plein essor. De nouvelles techniques et des machines élaborées soulageaient enfin les paysans. L'agronomie et la génétique ouvraient la voie à l'abondance alimentaire. La France sortait des quatre années de la Seconde Guerre mondiale et son peuple subissait de lourdes pénuries. J'ai le sentiment qu'on a un peu trop vite oublié ces faits historiques et culturels, au moment où des insouciants veulent casser ce modèle qui a mis tant de temps à se construire.

Vincent Verschuere est à présent confronté à une situation mettant gravement en péril son exploitation familiale d'élevage laitier. Il faudra à nouveau rappeler, à tous ceux qui voudraient le voir déguerpir, que la famille Verschuere est implantée sur ces terres depuis quatre générations. Ses vils accusateurs ne peuvent pas en dire autant ! Cette décision radicale remet en cause toute la vocation de cet agriculteur passionné. Toute son existence aussi… Que pourra-t-il faire, demain, de sa vie si on l'expulse comme un malpropre ? Tout ce tapage judiciaire parce qu'il a… des vaches ! On marche sur les cornes !

À quelques jours de Noël, ce 21 décembre 2023, un nouveau rassemblement de soutien à Vincent Verschuere réunit plus de quatre cents agriculteurs. Une énorme remorque est installée sur ce rond-point de la place de l'Europe à Beauvais, sur laquelle des bottes de paille s'entassent. Des dizaines de tracteurs sont garés en épis, les uns à côté des autres, telle une armée d'engins militaires prête à sonner la charge. On découvre une nouvelle génération d'agriculteurs disposée à renouer avec les jacqueries des temps anciens. La colère est palpable. Les visages sont fermés, les paysans en ont gros sur le cœur : cette société n'est que double langage. Ils en ont marre…

Les ressentiments nourrissent la contestation agricole. Outre les tracas administratifs, financiers, les agriculteurs en ont assez de supporter ces litiges irrationnels, aberrants, grotesques qui pèsent sur leur moral. Une épée de Damoclès reste suspendue au-dessus de leur tête… et de leur avenir. Si tant est qu'ils aient encore un avenir au cœur d'une nation qui s'enorgueillit de sa tradition agricole ! Le vers est dans le fruit : l'arrivée de néo-ruraux, bien contents de trouver un petit coin de campagne, précipite de manière inattendue nos agriculteurs dans un écheveau de tracas judiciaires qui mettent en péril leur raison de vivre et de gagner leur vie. Les aime-t-on encore ceux qui nous nourrissent et s'occupe de notre terre ? D'où vient cet acharnement qui provoque à présent un vent de révolte ? Je ne peux m'empêcher de penser à tous ceux qui ont encore tant de mal à se nourrir sainement. Tandis que les pouvoirs publics, dans de tapageuses campagnes d'information, encouragent chacun à acheter les bons produits de la terre, on repousse, on rejette ceux qui la cultivent. Quand nos paysans auront disparu par la volonté de quelques ombrageux, qui s'occupera des semences, de la taille, des récoltes ? Qui mettra ses mains dans la terre nourricière ? Les campagnards de salon ?

Nous sommes quelques semaines avant le début de la crise agricole de janvier 2024 qui a frappé l'Hexagone au cœur de l'hiver.

Les paysans allemands n'étaient-ils pas déjà vent debout contre la politique agricole européenne qui fusille littéralement toute la profession ? Fusille, oui. Je pèse mes mots. Et je les assume. C'est une exécution en règle. On me fera tous les procès que l'on voudra. Un de plus, un de moins… Mais je ne retirerai pas un seul mot de ma plaidoirie : ici sont tombés les agriculteurs, morts dans leurs champs d'honneur ! Moquez-vous. Je signe !

Au cours de cette manifestation de soutien à Vincent, je me souviens avoir pris la parole en premier. Et je m'emporte, évidemment : « Il n'y aura pas de souveraineté alimentaire sans bâtiment, d'indépendance alimentaire sans construction de hangars. Pour ce faire, nos agriculteurs ont besoin de visibilité technique, financière et juridique. » Je parle sous une pluie battante. Je lance un appel au législateur. Il doit poursuivre ce travail essentiel : mettre en place, au plus tôt, toutes les sécurités juridiques de nature à protéger, une fois pour toutes, l'activité agricole dans son ensemble. Certains manifestants viennent me remercier. Je sens leur émotion. On les écoute, on les comprend. Ce jour-là, le principe d'une cagnotte est validé. « Se battre pour Vincent aujourd'hui, c'est cultiver l'âme de nos campagnes de demain », peut-on lire sur une photo de notre éleveur imprimée en tête de la pétition. Puis, en bas de page, après avoir résumé le long chemin juridique subit par l'agriculteur en détresse, nous avons écrit ces quelques mots: « Grâce à cette cagnotte, nous souhaitons soutenir Vincent Verschuere pour financer ses travaux et frais indirects ». Nous ne le lâcherons pas!

Cent dix mille euros… C'est la somme d'argent qu'il doit verser aux plaignants. L'idée de la cagnotte s'est imposée. Mais il faut bien peser tous les mots de la pétition. Juridiquement, on ne peut indemniser les dommages et intérêts que doit payer la partie perdante à ses adversaires. On n'a que le droit d'aider à rembourser les frais d'avocats. Or, dans ce dossier, je n'ai pas demandé d'honoraires. J'en ai fait une affaire de principe. Quatre-vingt mille euros ont déjà été récoltés sur *gofundme.com*. Une somme à laquelle ont contribué des paysans, mais également des anonymes qui se sentent tout autant solidaires face aux épreuves auxquelles sont confrontés nos agriculteurs.

Au moment où j'écris ces lignes, l'affaire n'est pas terminée. Vincent attend maintenant une décision importante: celle de l'avenir de sa stabulation. Le tribunal doit trancher dans les prochains mois du bien-fondé des mesures d'atténuation proposées. À défaut, ce sera la démolition pure et simple. Une épée de Damoclès…

Dans l'intervalle, quatre des dix voisins sont partis. Ils ont vendu leur maison à bon prix. Deux d'entre eux ont pris la fuite en Dordogne. Chez moi, sur mes terres. Je n'ai pas trop envie de les croiser, on me comprendra. Ou alors le temps de leur poser une question simple : voulez-vous la mort de notre agriculture ? Vincent incarne aujourd'hui ces agriculteurs qui se battent contre des vents juridiques contraires.

*

8 avril 2024. L'Assemblée nationale vote à l'unanimité la proposition de loi qui protège dorénavant non seulement l'activité qui préexiste à l'arrivée de plaignants, mais aussi son évolution. J'étais présent dans l'Hémicycle. Je tenais à assister aux débats parlementaires. Je me suis rendu à l'Assemblée nationale, mais aussi au Sénat. Le nom de Vincent a résonné dans ces hauts lieux de la République, là où l'histoire des hommes et de la Nation a tant de fois basculé !

Le texte ne sera cependant pas rétroactif. Vincent Verschuere, agriculteur lourdement condamné pour nuisances agricoles, ne pourra en bénéficier. Il n'a pas eu cette chance. Une affaire dont l'issue est toujours incertaine. Condamnée à plus de cent dix mille euros de dommages et intérêts, notre éleveur est aujourd'hui dans l'attente de la décision du tribunal judiciaire qui doit statuer sur la demande de démolition de la stabulation.

Mais Vincent sait que son combat personnel n'a pas été vain. Il est, bien malgré lui, à l'origine de cette nouvelle loi qui, depuis le 15 avril 2024, protège l'antériorité de l'activité, mais aussi son évolution.

Je lui dédie ce livre, à lui en priorité, et à tous ceux qui ont été ou sont entravés dans leur activité.

Parce que nous nourrir est leur métier. Et les défendre est notre devoir !

VIII
Nous vous faisons Chevalier

« Au nom de la République française et des pouvoirs qui me sont conférés, nous vous faisons chevalier du Mérite agricole. » J'ai du mal à m'en rendre compte. Et pourtant je suis bien là, debout, face au garde des Sceaux en personne, lequel est sur le point d'épingler au revers de ma veste de costume cette médaille rouge et verte, ô combien symbolique pour mes combats. J'entends les mots solennels du ministre. Je n'en mène pas large. J'ai 33 ans. Et je suis probablement le plus jeune récipiendaire de cette distinction. C'est une forme de reconnaissance qui me va droit au cœur. Surtout lorsque l'on sait que la distinction en question est destinée à « récompenser les femmes et les hommes ayant rendu des services marquants à l'agriculture ». Quelle fierté pour le jeune avocat que je suis ! Quelle émotion pour le petit-fils de paysan que je demeure envers et contre tout ! Jules Méline, ancien ministre de l'Agriculture sous la IIIe République, est à l'origine de cette distinction, en 1883. Son constat est limpide : « Dans cet immense personnel d'agriculteurs, d'agronomes, de professeurs, de savants, le labeur est incessant, les dévouements nombreux et les récompenses rares. » Décrit comme un républicain modéré et un ardent défenseur du monde agricole, Jules Méline, était aussi avocat.

J'apprends la nouvelle de l'attribution de cette distinction au mois d'octobre 2023, quelques semaines après la triste décision rendue dans l'affaire Verschuere. Le soir de sa remise, mes deux héros sont là : Vincent bien sûr… et Fabien Le Coidic dont nous avons parlé plus haut dans l'affaire des vaches bretonnes d'Adainville. Deux agriculteurs que j'aurais défendus avec passion. Deux hommes d'une même génération qui, pour la première fois, se rencontrent. Ils sont là parmi une petite poignée de personnalités, d'amis et de proches.

Quelques agriculteurs étonnés me demanderont pourquoi avoir choisi la Chancellerie pour cette remise de médaille ? Pourquoi ne pas avoir organisé cette cérémonie officielle tout bonnement rue de Varenne au ministère de l'Agriculture ? La raison en est simple : il s'agit de réconcilier le droit et l'agriculture. Et c'est donc tout naturellement que j'ai demandé à Éric Dupond-Moretti de bien vouloir me remettre en ce lieu l'Ordre du Mérite agricole. Deux avocats célèbrent l'agriculture. Moi qui rêve de concorde, je ne peux être mieux exaucé. C'est en quelque sorte une première et le garde des Sceaux aura à cœur de nous le rappeler : voici réunis deux mondes qui se connaissent si mal, et se considèrent si peu : le droit et l'agriculture. J'avoue qu'après tous les combats menés, parfois contre des magistrats obtus, l'allégorie me va droit au cœur. C'est un rapprochement inespéré.

Je rassure l'assemblée, et le ministre en tête : « Nous n'avons pas l'intention d'installer le prochain Salon de l'agriculture place Vendôme… » Et pourtant, le temps d'une cérémonie, veaux, vaches et cochons semblent, pour quelques heures à peine, avoir pris leur quartier dans une galerie du ministère privatisée pour l'occasion. Après tout, il est de moins en moins rare que les histoires d'étables trop odorantes ou de tracteurs trop tapageurs se retrouvent à la barre des tribunaux. Droit et agriculture : un couple improbable. Mais pas aujourd'hui. Et le ministre insiste : « Si j'ai voulu vous remettre cette décoration qui ne relève normalement pas de mon ministère, c'est parce que je souhaitais vous rendre hommage à vous et à votre combat. Celui d'un homme qui n'oublie pas d'où il vient, qui n'oublie pas ceux qui nous nourrissent et qui font de la France cette grande puissance agricole que le monde entier nous envie. » Ces mots-là me touchent. Impossible de dissimuler mon émotion. Le ministre poursuit, un petit sourire aux coins des lèvres. « Je suis heureux de partager ce moment de convivialité avec ceux qui travaillent tous les jours aux côtés de nos agriculteurs et en compagnie de ceux qui vous sont chers. »

S'il est une vertu essentielle de cette remise de médaille qui m'honore, c'est aussi de nous voir ici tous réunis autour d'une même cause. Tous partagent cette passion de la terre et de la ruralité.

Éric Dupond-Moretti semble d'ailleurs se sentir fort à son aise dans cet aréopage : il restera avec nous un peu plus de trois heures, ce qui est assez rare pour un ministre en exercice, à l'agenda rempli de l'aurore au crépuscule.

Christiane Lambert, ma marraine, à qui je dois cette distinction communément appelée « le poireau », tient absolument à glisser un petit mot à mon égard. Bien entendu, une fois le ministre reparti dans son bureau. Avec la pugnacité qu'on lui connaît, elle n'hésite pas à brancher à nouveau le micro, le mettre à sa hauteur, déplacer le pupitre avant d'appeler chacun au silence ! On sent la capitaine de handball qu'elle a été en Auvergne. Elle sait haranguer le public et reprendre son leadership. « Nous savons l'attachement à notre métier que vous vivez à travers vos racines périgourdines. Vos mots empreints d'altruisme résonnent encore à mes oreilles : profondément affecté par la situation d'une famille d'éleveurs que vous défendiez avec hargne, vous vous proposiez de les représenter gratuitement. Ce jour-là, le monde agricole vous a reconnu et définitivement adopté. »

Je sais bien que le lecteur ne pourra comprendre toutes les émotions qui se bousculent à cet instant dans ma tête. Il faut être là, ressentir l'ambiance chaleureuse qui se diffuse parmi les invités, recevoir tous ces mots qui vous sont destinés et prononcés par des personnalités qui comptent, pour saisir l'importance du moment vécu. Entendre dire que la profession agricole tout entière m'a adopté, est une autre et tout aussi prestigieuse médaille accrochée au revers de ma carrière.

« Ce mérite est loin d'être acquis. Il ne sera même jamais acquis. Parce que ce mérite n'est qu'un rappel constant de mon devoir envers la cause agricole, envers les acteurs de nos territoires ruraux, envers cette terre qui, génération après génération, continue de donner sans compter. » Tout en énonçant mon discours face au ministre, je pense à mes aïeux, à Paulette et à tous les miens. Cette reconnaissance est aussi celle de ma famille, mes paysans de Dordogne.

IX
La révolte des Camisards

Ce dimanche de la Pentecôte 2024 ne fait pas exception. La surcharge de dossiers m'oblige à travailler souvent le week-end et même pendant les ponts. Me voilà donc à nouveau dans mon bureau rue Cambon, à quelques mètres du jardin des Tuileries. Ce sera donc une après-midi studieuse avant de rejoindre le temple du Marais pour le culte du soir, mon lieu dominical de ressourcement spirituel hebdomadaire.

Je suis plongé dans un dossier qui concerne l'avenir de la Camargue et de ses rizières. Quelques jours plus tôt, les acteurs de la filière du riz apprenaient, par hasard, que certaines associations environnementalistes contestaient devant les tribunaux l'utilisation d'un traitement permettant de lutter contre les mauvaises herbes dans leurs cultures : l'Avanza. Il existe deux types d'herbes particulièrement nuisibles : la panisse et le triangle, des adventices majeurs dans la culture du riz. Elles sont rapidement envahissantes, et les agriculteurs ont un mal fou à s'en débarrasser. L'Avanza bénéficie depuis peu d'une dérogation temporaire signée par le ministre de l'Agriculture de l'époque, Marc Fesneau, sensibilisé à la délicate situation de nos rizières envahies par ces mauvaises herbes qui détruisent une notable quantité de la production.

Tout aurait pu être fort simple si quelques élus municipaux ne s'en étaient pas mêlés à leur tour. Et leur prise de position va déclencher la polémique qui prend tout ce petit monde par surprise. La mairesse des Saintes-Maries-de-la-Mer s'oppose formellement à l'utilisation de l'herbicide en question. Et pour soutenir sa position ferme, elle s'appuie sur des supputations pseudo-scientifiques, non vérifiées, qui affirment mais ne prouvent rien. « En l'état actuel de cette autorisation, et sans aucune garantie des services de l'État, la commune ne peut concevoir qu'une telle autorisation puisse mettre en danger les milieux naturels saintois, mais également la population saintoise à travers la distribution de l'eau potable dont le captage se situe dans le petit Rhône. » La messe est dite. Passez votre chemin. Les cent soixante-dix riziculteurs concernés et qui font la fierté de la Camargue, ont toutes les raisons de s'inquiéter. Pourront-ils continuer à cultiver leur rizière, sans riz ? Quelles solutions propose Madame la maire pour faire face à l'invasion des herbes voraces ? Il est bien beau d'interdire. Mais qui en mesure vraiment les conséquences ? Pour ne rien arranger, le très médiatique journaliste Hugo Clément, dans le cadre de ses chroniques intitulées « En toute subjectivité » sur France Inter, fait une intervention remarquée, et bien entendu, à charge contre la filière rizicole. Les choses vont de mal en pis. L'Avanza serait donc « très toxique pour les organismes aquatiques » et entraînerait des effets néfastes à long terme. Cet herbicide, il est vrai, doit être appliqué dans des rizières inondées, là où vivent des animaux aquatiques, comme les grenouilles.

Selon les contempteurs du produit incriminé, l'eau des rizières s'écoulant ensuite dans le réseau hydraulique de la Camargue, le benzobicyclon, nom de la molécule que l'on retrouve dans l'Avanza, risque de se répandre dans cet écosystème fragile. Pourtant, comme nous le verrons, outre le fait que cette lecture scientifique est approximative, le produit est utilisé par nos voisins européens : notamment italiens, espagnols et grecs. Comme dans chaque dossier environnemental, après l'emballement médiatique, c'est au tour des associations de protection de la nature – nos immuables Zorro de l'environnement – de se ruer sur des sujets extrêmement sensibles, sans recul et sans que la contradiction ne soit possible. France Nature Environnement et Générations Futures, deux associations de poids, s'emparent de l'affaire. Elles mobilisent un avocat parisien pour déposer une demande de suspension de l'autorisation temporaire du ministre devant le tribunal administratif de Melun. L'avocat, François Lafforgue, n'est pas n'importe qui. C'est un ténor du barreau qui a notamment obtenu la condamnation de la firme Monsanto tenue responsable du dommage causé par un de ses herbicide : le jugement qui a été rendu est aujourd'hui dans les annales des grandes affaires en lien avec l'environnement.

C'est donc fortes d'une armada de juristes et d'un avocat de renom, que ces deux associations renommées s'attaquent au dossier des rizières. De quoi remettre en cause la principale ressource agricole de la Camargue. Une paille… Quoi qu'il en soit nos collectifs mettent le paquet ! Des honoraires d'avocats s'additionnent généreusement aux bulletins de paie de leurs propres juristes. Qu'importe si ces ONG vivent de dons privés, mais aussi de subventions d'État et de collectivités locales. On ne va pas s'arrêter à ces détails. Admettons : les dommages et intérêts que pourraient récolter ces associations ne sont certes pas à négliger, pourquoi s'en cacher ? Mais on est en droit de se demander, à la lecture de tous les procès-verbaux, quel est leur apport concret à la société : l'interdit et l'écologie punitive ne changent pas le monde.

Leur requête déposée devant la justice administrative de Melun vise donc, ni plus ni moins, à suspendre la décision du ministre de l'Agriculture autorisant les riziculteurs à utiliser l'Avanza pendant une durée maximale de cent vingt jours. Les agriculteurs sont au pied du mur. Ils risquent de perdre la face. Que faire d'une autorisation ministérielle si on la leur jette au visage comme un vulgaire papier sans valeur ? Les arcanes de la justice leur sont inconnus. Face à eux, les associations radicales ont eu le temps d'éplucher les décrets, les décisions de justice, de lire les articles de presse. Elles se sont préparées à la bataille et ont affûté leurs armes juridiques.

Dans un temps pas si lointain, ces associations n'avaient pas besoin de faire appel aux vedettes du barreau. Les choses se passaient plutôt paisiblement, autour de discussions à l'amiable. Dans ce contexte, le droit venait au second plan. Il y avait plus urgent à faire dans les fermes. Le syndicalisme était avant tout un organe de discussions permettant de faire remonter des informations et des actions revendicatives sur le terrain. Les chambres d'agriculture, quant à elles, étaient des lieux d'échanges et de formation. Les temps ont changé. On n'en est plus là...

Avec la montée en puissance du droit de l'environnement à partir des années 70, l'agriculture s'est nettement judiciarisée. Pour un oui et pour un non, des collectifs se sont mis à attaquer en justice les pratiques rurales. Mais il faut avoir du temps et des moyens pour lancer de telles procédures. Les contentieux sont aujourd'hui introduits par une minorité d'écologistes intégristes qui veulent en finir avec l'agriculture et ses spécificités territoriales. Évidemment, défendre la filière rizicole, ce n'est donc pas seulement défendre la Camargue. C'est, là encore, défendre notre agriculture dans sa diversité.

Pour mener cette bataille, juridique il faut se pencher sur la géographie du territoire camarguais. Mieux comprendre aussi les enjeux d'une filière menacée. La Camargue, une terre que je connaissais mal, est alors devenue pour moi un territoire de prédilection.

*

Pour le commun des mortels, la Camargue est un havre de paix, un espace sauvage entre le delta du Rhône et la mer Méditerranée, entre l'eau douce et l'eau de mer : elle est parcourue de lagunes aux eaux saumâtres où les flamants roses gracieux recherchent de petits mollusques, et de marais salants aux reflets délicats. Les Guardians reconnaissables à leur large chapeau et à leurs cuissardes de cuir marron, galopent sur leurs chevaux blancs, crinières au vent. *Crin Blanc* n'est pas qu'un film… Les Guardians rassemblent les manades de taureaux et s'aident de leur grande perche de bois pour les mener dans un clos de tri près de l'étang de Vaccarès. Son nom serait dû aux multiples vaches sauvages qui paissaient tout autour. C'est le plus vaste de la réserve nationale de Camargue, un site protégé, classé en réserve naturelle depuis 1975. Il s'étend sur 6 500 hectares. Il constitue l'élément principal du système de contrôle des eaux du delta. Sa profondeur est inférieure à deux mètres, et favorise ainsi l'accueil des oiseaux migrateurs.

À présent, on compte bien plus de brebis qui broutent ici l'herbe rustique et qui semblent avoir chassé un peu plus loin les rudes taureaux. Elles participent au maintien de ce système agro-pastoral millénaire qui s'appuie sur des grandes propriétés.

Il s'agit de mas aux façades de pierres calcaires surmontés de toitures en tuiles rosâtres. Ils parsèment ces vastes étendues et sont habités par des agriculteurs vivant de l'élevage mais aussi de la culture : notamment celle du riz, du blé et du tournesol. Ici cohabitent les humains, les animaux domestiques et les animaux sauvages.

La légende du jardin d'Éden qui aurait existé avant la création de l'homme et de la femme peut poser question. La Camargue, cet autre jardin d'Éden, n'existe en tout cas que par la main de l'homme n'en déplaise aux pseudo-défenseurs de la nature qui soutiennent cette théorie biblique.

Cette zone humide de 150 000 hectares, l'une des plus grandes d'Europe, si riche en biodiversité, est un espace naturel aménagé par l'homme. D'importants travaux hydrauliques ont d'abord été réalisés au XVIe siècle par les moines qui ont asséché les marais pour améliorer le rendement des terres cultivées. Ces travaux se sont poursuivis au XIXe siècle avec la canalisation du Rhône, ce qui a permis d'irriguer des cultures en eau douce provenant du fleuve, au premier rang desquelles figure celle du riz. Quand vient sa récolte, l'eau douce est dirigée vers les étangs en aval. Cet apport permet ainsi de gérer un équilibre subtil entre l'eau douce irriguant les cultures provenant du Rhône et l'eau saumâtre des étangs qui est due aux remontées salines du delta. Sans cet apport extérieur, la salinité de Vaccarès serait trop élevée et la biodiversité en serait réduite à sa plus simple expression. Le sel est le pire des pesticides expliquent les agriculteurs.

Cent soixante-dix agriculteurs camarguais cultivent près de 14000 hectares de riz. Soit près de 98 % de la production française. Depuis 2000, face à la concurrence mondiale de plus en plus intense, la filière s'est engagée dans la démarche IGP (Identification géographique protégée, « Riz de Camargue »). Cette appellation lui offre ses lettres de noblesse et, *de facto*, valorise bien mieux ce produit auprès des consommateurs. Mais sa surface cultivée est nettement insuffisante pour couvrir les besoins de la France puisqu'elle représente moins de 10 % de la consommation nationale. Le reste du riz provient pour moitié de l'Inde et des pays asiatiques dont le Vietnam, et le solde vient de nos voisins européens : l'Italie et l'Espagne. Dans un contexte de tensions internationales et économiques, le marché du riz subit aussi les dérèglements climatiques. Si bien que la filière est régulièrement et fortement sollicitée pour produire des volumes importants de riz de Camargue IGP. Mais une fois encore, notre production tricolore est obligée de se soumettre à des normes pesantes et accablantes qui freinent son essor. Ces contraintes écrasantes, qui se superposent les unes aux autres, sont au cœur du problème agricole français. Comment produire mieux et plus quand on vous interdit, par décrets, de protéger vos cultures ? Ce double langage est à la racine de la colère paysanne.

Face à ce scénario nourri d'incertitudes, les riziculteurs camarguais sont obligés de se diversifier en se tournant vers de nouvelles productions telles que la tomate ou le melon. Deux cultures plutôt friandes en eau et qui connaissent un développement sans précédent à la suite des sécheresses à répétition en Espagne.

Nos nobles et tenaces associations environnementales semblent avoir totalement oublié cette réalité économique. La culture du riz est, en outre, considérée comme une culture orpheline par les services du ministère de l'Agriculture : c'est-à-dire que la taille des marchés n'est pas suffisante pour que les firmes phytopharmaceutiques s'y intéressent. Son poids économique – deux mille emplois directs et indirects et quatre-vingts millions de chiffre d'affaires – est insuffisant pour que les firmes spécialisées dans la santé des végétaux déposent des autorisations de mise sur le marché en France. D'autant que le risque de voir leurs produits retirés de la vente sous la pression des écologistes n'arrange pas les choses. Le retour sur investissement n'est donc pas garanti pour ces entreprises privées qui redoutent des actions sauvages. Elles préfèrent déposer leur dossier d'autorisation de mise sur le marché (AMM) de leurs molécules dans des pays européens autres que la France, comme l'Espagne ou l'Italie. La production de riz y est nettement plus importante et la perception des produits phytosanitaires beaucoup moins négative. Il m'appartiendra donc de rappeler au juge administratif tous ces points essentiels. Et aussi celui-ci, qui n'est pas le moindre : sans produits phytosanitaires, il n'y a pas de production de riz. Ce n'est certes pas pour rien qu'au sein même de l'Union européenne, l'Italie et l'Espagne, plus pragmatiques et moins dogmatiques que la France, disposent de deux fois plus de molécules pour protéger leur filière rizicole que la France. La riziculture développée par le plan Marshall, au lendemain de la Seconde Guerre mondiale, a permis à la France de produire assez de riz pour couvrir la consommation de ses habitants. À force d'aveuglement, d'absence de courage politique, on a laissé tomber cette production. On est loin aujourd'hui de l'autosuffisance.

*

Les associations environnementales semblent décider à en découdre coûte que coûte, quitte à condamner une filière et des milliers d'emplois tricolores. Quitte à importer dans notre pays du riz avec des traitements interdits en France depuis des décennies et faire courir un risque pour la santé des consommateurs français. Quitte à augmenter le bilan carbone de ces aliments venus de l'autre bout du monde. Que fait-on dans ce cas-là du principe de précaution de la loi Barnier de 1995 ? Et puisque M. Barnier est à présent Premier ministre au moment où j'écris ces lignes – le sera-t-il au moment où sera publié ce livre ? –, il serait ici opportun de le lui rappeler.

Tout cela n'est pas pris en compte par les associations, car on remettrait en cause leur existence. Elles préfèrent se détourner pudiquement des conséquences de leurs actes. France Nature Environnement et Générations Futures ont donc déposé un dossier de plus de mille cinq cents pages devant le tribunal administratif de Melun. Plus de soixante-seize pièces à l'appui de leur requête pour obtenir la suspension de l'Avanza : des dizaines d'études pseudo-scientifiques cherchant à démontrer la toxicité de la molécule. En réalité, leur stratégie est limpide : en finir avec une agriculture prétendument productiviste de la Camargue pour faire de ce territoire un espace sous cloche où la présence humaine et les activités associées n'auraient plus leur place. L'idéologie consiste à revenir à l'état sauvage de la nature. Elle se traduirait, si celle-ci était mise en œuvre, par un retour en arrière et un appauvrissement de la biodiversité.

Bertrand Mazel, patron de la filière du riz en Camargue, a parfaitement conscience de la nouvelle bataille qui se prépare : imposer ici où là, par la force, une vision dogmatique et sectaire de l'agriculture est le mantra de ces écologistes purs et durs. Même s'il faut remettre en cause toutes les connaissances ancestrales et scientifiques qui ont permis aux territoires du monde d'être autosuffisants en nourriture. L'utopie ne devrait jamais être une dictature. Surtout lorsqu'elle veut gommer d'un trait tous les progrès de l'homme – que certains idéologues voudraient faire passer seulement pour un horrible destructeur. Un peu simpliste !

Bertrand Mazel est un coriace, il a de qui tenir : il est le descendant d'Abraham Mazel, huguenot fort connu qui s'est battu contre les dragonnades sous le règne du Roi-Soleil et qui reste aujourd'hui une référence historique. Cette histoire fascinante des résistants cévenols prêts à mourir au nom de leur liberté de conscience mériterait d'être relue pour mieux appréhender cette filière agricole très soudée et dotée d'une capacité de travail et d'adaptation sans pareil. On comprend d'autant mieux le respect qu'inspire Bertrand, aussi bien aux ministres et aux élus, qu'aux décideurs économiques. Il a hérité de son ancêtre de cette même trempe, qu'il met au service de l'intérêt général. Or, il en est convaincu de toute son âme : la défense de la riziculture n'est pas une simple lubie d'agriculteurs, il y va aussi de l'intérêt général et du bien-être des Français.

Bertrand Mazel se sait écouté et scruté à la loupe par les autorités en place. Il est à la tête d'une filière regroupant plus de cent soixante-dix producteurs, qui se rassemblent sous un même drapeau blanc dont l'emblème est un flamant rose tenant une mitraillette. J'avoue que l'image d'une mitraillette fait écho à une sourde violence que je réprouve et que personne ne souhaite, ni ne réclame – et encore moins nos agriculteurs qui manifestent pacifiquement sur les routes de France. Je peux comprendre, cependant, que le ras-le-bol visible s'illustre par des images guerrières qui figurent un combat constant contre l'incompréhension dont font preuve les pouvoirs publics, en France comme en Europe. Ce n'est que l'interprétation d'une Camargue qui se veut libre et indépendante, face aux diktats réglementaires et environnementaux. Le drapeau est accroché comme un trophée dans la salle de réunion du syndicat de la riziculture française dont le siège est installé dans un mas typique, en périphérie du vieux Arles. Au fond, c'est cet esprit camisard qui nous a rapprochés. La guerre des Camisards, ou guerre des Cévennes, n'était-elle pas un soulèvement de paysans protestants contre l'État centralisateur sous le règne de Louis XIV? Lorsqu'au détour d'une de nos conversations, je lui parlerai de mes racines protestantes, il me sourira, et me rétorquera amusé : « Maintenant je comprends mieux l'origine de ta ténacité ! »

Pour la première fois, après deux siècles de paix, le chef des Camisards camarguais doit repartir en guerre. En guerre juridique s'entend, devant les prétoires et contre des règles incompréhensibles. C'est la raison pour laquelle je lui demande de venir à l'audience devant se dérouler le vendredi 24 mai 2024 devant le tribunal administratif de Melun. Un déplacement qui s'impose, car il incarnera à la barre ces hommes et femmes qui travaillent depuis des siècles et font la fierté du territoire. La salle d'audience du tribunal se situe dans un bâtiment étroit et moderne au rez-de-chaussée, elle ressemble à une salle de classe. Rien à voir avec la solennité du tribunal correctionnel de Troyes. L'enjeu est en revanche crucial pour la filière du riz : maintenir le droit d'utiliser l'Avanza, ce que les associations plaignantes contestent avec virulence.

L'audience a semblé très longue à notre Camisard. Non seulement elle a débuté avec plus de trois heures de retard, un délai d'attente interminable pour un non-habitué des procès, mais en plus ce furent, pour notre dossier, trois autres heures de débat, d'autres affaires ayant été appelées en priorité par le président, des histoires d'expulsion et refus de délivrance de cartes de séjours.

Quand vient notre tour, lorsque nous pénétrons enfin dans la salle d'audience appelés par le Président, nous ressentons une impression étrange : une sorte de fossé invisible qui sépare cette justice urbaine de nos réalités agronomiques et environnementales. Pourtant les enjeux de tels procès sont cruciaux. De leur issue, dépendent notre souveraineté alimentaire et le maintien de milliers d'emplois. Les territoires ruraux seront-ils compris par les magistrats des villes ? Il serait temps. Le président apparaît quelque peu déconcerté par cet homme de la terre qui entre dans la salle d'audience avec des sachets de riz de Camargue plein les bras. Provocation ? Ou démonstration ? Bertrand parle posément, il expose l'importance de cette filière, la problématique de l'irrigation et la nécessité de traiter les rizicultures. Son exposé est clair. Sa voix ne tremble pas. Il est là pour défendre et expliquer.

L'expertise de notre Camisard est, de surcroît, très utile pour répondre à l'argumentation arbitraire soutenue par les associations. Selon ces dernières, une concertation générale aurait dû être mise en œuvre par les autorités nationales avant de délivrer unilatéralement l'autorisation temporaire de l'Avanza. Un raisonnement décalé et une orientation plutôt pénible pour le travail quotidien de nos agriculteurs : dorénavant la moindre proposition, la moindre suggestion serait donc soumise à une concertation avec tous les habitants du coin. Dans ce schéma, nos agriculteurs devraient attendre le résultat de ladite concertation avant d'être habilités à utiliser tel ou tel produit, voire tel ou tel outil. Travailler la terre sereinement dans ces conditions est impossible. Une telle décision serait pour le moins grotesque. La justice doit trancher et éviter aux travailleurs de la terre de telles complications. Il ne faut pas oublier trop vite que ces autorisations de produits font l'objet d'une validation à très haut niveau à l'issue d'une procédure longue et fastidieuse. Faudra-t-il se substituer aux plus hautes autorités de l'État et faire fi de leurs décisions ? Le début d'une révolte, Sire ? Ou d'une révolution ?

Organiser des concertations systématiques est donc non seulement une remise en cause scientifique des instances nationales qui travaillent sur le sujet avec des experts reconnus, mais serait aussi propice à soulever toute une partie de la population contre les Camarguais. C'est la raison pour laquelle j'appelle à la barre de notre tribunal un expert scientifique, reconnu par la Commission européenne. En réponse aux balivernes déversées par les uns et les autres, seule la science est aujourd'hui en mesure, sinon de convaincre nos tribunaux, à tout le moins de les orienter dans une bonne direction en les aidant à mieux comprendre ces discussions parfois arides. J'ai été plutôt bien inspiré d'appeler cet expert à notre secours : quand la décision tombe trois semaines plus tard, c'est un immense soulagement pour les riziculteurs. « Validation du produit Avanza par la justice », titre le quotidien *Libération*.

Un soulagement aussi pour le ministère de l'Agriculture qui surveillait ce contentieux de près : une décision contraire aurait pu impacter d'autres filières végétales orphelines. La veille de l'audience, des conseillers de la rue de Varenne m'ont confessé avoir eu, eux-mêmes, des doutes sur l'issue de ce procès très délicat, en dépit de leurs encouragements sincères.

*

Retour en Camargue, au Mas du Sonnailler, siège de la filière. Ce premier vendredi de septembre 2024, c'est ce que l'on nomme « la Feria du riz ». Trois jours durant, se succèdent corridas, courses camarguaises et défilés des belles arlésiennes en costumes traditionnels. Les fiers Guardians seront évidemment de la fête et, pour les plus résistants, la nuit se prolongera jusqu'à l'aube dans les bodégas. « Mettre en lumière nos traditions, mais aussi nos agriculteurs et nos riziculteurs, c'est aussi l'ambition de la Feria du riz », déclare Patrick de Carolis, le maire d'Arles, enfant du pays et ex-président de France Télévisions.

Pour l'instant, l'édile se promène au Centre français du riz. Cela tombe bien. Il profite des savoureux buffets où règne en maître le produit local, découvre les avancées techniques de la filière, participe à des démonstrations et ne dissimule pas son admiration. Tous les acteurs de la filière sont également là et discutent dans une ambiance conviviale : les riziculteurs, les représentants des services de l'État, ainsi que des chercheurs de l'INRAE, des étudiants ou des fabricants de produits phytosanitaires. Une centaine de personnes au total se restaurent dans ce jardin ombragé du Mas de la riziculture française, autour d'un buffet de produits locaux : moules, tortilla pimentée, brochettes d'agneau ou riz camarguais safrané.

Jean-Pierre Brun, expert international des questions de culture du riz, se joint à nous. Il travaille régulièrement pour le compte d'États étrangers comme l'Inde ou le Pakistan. À sa gauche, Marco. Ce Camarguais me fait penser à un vieux cliché de mafieux italien, avec ses cheveux gominés et plaqués en arrière et sa large chaîne en argent où figure le Christ sur la croix. Al Pacino n'aurait pas mieux fait dans *Le Parrain* de Coppola. C'est le bras droit de Bertrand Mazel. On le connaît pour son franc-parler, il n'hésite pas à taper du poing sur la table et s'il faut ressortir sur les ronds-points, il le fera. « Je suis un chevalier du Saint Empire », me dit-il ironiquement lorsque nous parlons de ce légendaire esprit camisard.

Notre discussion porte sur la demande IGP déposée par l'Inde et le Pakistan. Elle vise à protéger le riz basmati et à favoriser sa commercialisation en Europe. Ce qui, naturellement, chagrine Bertrand et Marco : la concurrence serait alors encore plus rude sur les marchés alimentaires internationaux. Quoique cette demande IGP, déposée par les frères ennemis de l'Asie, ait peu de chance d'aboutir. De strictes raisons géopolitiques l'en empêchent : la dénomination IGP porte en effet sur la région du Jammu-et-Cachemire, territoire situé à la frontière indo-pakistanaise et revendiqué avec force par les deux pays. Un statu quo qui devrait durer encore longtemps, comme me le confiera la conseillère diplomatique à l'ambassade de Delhi en charge des questions agricoles, lors d'un déplacement en Inde. De quoi rassurer un peu nos riziculteurs locaux.

Autre sujet d'inquiétude : le combat de l'Avanza devant les tribunaux n'est pas terminé. Le communiqué de France Nature Environnement ne laisse planer aucun doute : « Nous avons perdu une première manche. » Il y en aura donc une seconde, l'association ne comptant pas en rester là. On pouvait le redouter : elle veut à tout prix stopper toute utilisation phytosanitaire sur le territoire camarguais. Même les produits adoubés par la science doivent être bannis. Ce jusqu'au-boutisme ne peut être que politique : il n'entend rien à l'intérêt général. La lutte judiciaire ne semble devoir jamais s'arrêter. Quand laissera-t-on enfin respirer nos paysans ?

C'est le message que je ne cesse de faire passer lors de mes différentes interventions devant les sections syndicales et chambres d'agriculture. Les filières agricoles sont appelées à se défendre, et à défendre les intérêts de leurs membres. Le syndicalisme a donc vocation à se transformer. Initialement, il était une force d'appui politique pour faire avancer la réglementation, les pratiques ainsi que le revenu agricole. Aujourd'hui, il a vocation à entrer dans les prétoires pour se défendre dans les tribunaux devant de nouveaux adversaires : ces intégristes de l'écologie, ces Khmers verts de la pensée unique. Ils sont prêts à contester les décisions de ceux qui n'ont pas la même vision de l'écologie qu'eux. Et tant pis s'ils appellent à la désobéissance civile, leur vérité ne supporte aucune contradiction.

Et cependant bien des opportunités, bien des combats, pourraient rapprocher ces deux camps frontalement opposés. Lors de ce buffet champêtre, nous évoquons le projet de l'entreprise RTE, en charge de transporter en France l'électricité sur les lignes à haute tension. Il divise la population. Mais pourrait aussi unir des adversaires historiques : agriculteurs et environnementalistes. Le projet d'une ligne à haute tension, avec ses pylônes de 60 mètres de haut, menace de défigurer la Camargue. N'est-ce pas là l'occasion d'enterrer ses divergences et de s'unir sous la même bannière : celle de tous les amoureux de ces terres magnifiques et protégées. Ce serait alors une fabuleuse opportunité d'oublier son étiquette politique ou professionnelle. Agriculteurs, acteurs du tourisme, néo-ruraux et défenseurs de l'environnement, marchant main dans la main, formant enfin un front uni. Utopie à la Martin Luther King, probablement. Car moi aussi, j'ai fait un rêve…

À plus long terme, et à force de vouloir construire une agriculture vertueuse qui laverait plus blanc que blanc, la France – et plus largement l'Europe – risque de ne plus pouvoir nourrir sa population. Toutes ces règles qui se superposent les unes sur les autres, sont tellement pénibles que certains agriculteurs préfèrent abandonner le métier. On le voit dans l'élevage. Dans ce domaine, on pourrait ne plus être autosuffisant d'ici trois à cinq ans, avancent certaines statistiques. Un comble pour l'Union européenne qui a été créée au lendemain de la Seconde Guerre mondiale pour mettre un terme à la pénurie alimentaire en créant une politique agricole commune.

X
Un été indien

À des milliers de kilomètres de la Camargue, dans la campagne de Bangalore, capitale du Karnataka, situé dans le sud de l'Inde, des dizaines d'Indiens, le plus souvent des femmes, des adolescents et des enfants, s'activent dans les rizières. Ici, ce n'est pas la température douce du Périgord qui se ressent dans ces plaines fertiles, mais un lourd et humide climat tropical avec ses saisons de pluies dues à la mousson qui s'étale entre la mi-juin et septembre.

J'ai vécu deux ans en Inde. J'y ai aussi effectué des voyages humanitaires dans des orphelinats. Je me suis habitué à ces terres colorées couvertes de vagues humaines, nourries de traditions ancestrales. Je continue à y cultiver de précieuses amitiés après avoir étudié à la National Law School of India University de Bangalore en 2016. J'ai aussi travaillé, quelques mois, à l'ambassade de France à Delhi. J'aime me rendre dans ce pays fascinant : je m'y ressource et y puise de nouvelles idées qui pourraient être appliquées également en France, notamment dans le domaine agricole.

Le secteur primaire joue un rôle majeur dans l'économie du pays. L'agriculture est le premier employeur de l'Inde avec 55 % des actifs, contre moins de 2 % en France. Même si son poids relatif baisse dans le PIB, passant de 29 % en 1988 à 16,6 % en 2022, il reste cinq fois plus élevé que dans l'Hexagone. Le gouvernement attache toujours autant d'importance à ce secteur vital pour la stabilité de ce pays, le deuxième plus peuplé au monde, abritant près de 20 % de la population mondiale.

Au mois d'août 2024, je me rends en Inde pour explorer les différentes facettes de la culture du riz : je voudrais pouvoir cerner les méthodes de production de nos amis indiens. Il y aurait beaucoup à dire sur les mécanismes de récolte et de production, si différents entre nos deux pays. L'outillage, si l'on peut dire les choses ainsi, repose plutôt sur l'utilisation de bœufs, ce qui crée un violent contraste avec les machines agricoles de pointe dont disposent nos riziculteurs. Et pour autant, les gestes des agriculteurs indiens sont tout particulièrement délicats et d'une redoutable précision. Un art transmis par les anciens que chacun s'attache à répéter tout au long d'heures harassantes.

Mais surtout ce qui me frappe, c'est le nombre de produits phytosanitaires à la disposition des riziculteurs indiens, plus d'une trentaine de molécules ! La moitié sont interdites ou non reconnues sur le sol européen. Si l'Inde leur a donné le feu vert, c'est que ses autorités sanitaires estiment qu'elles ne présentent aucun danger pour la population. À l'inverse, nos agriculteurs français de Camargue doivent se limiter à huit molécules. Ici, dans cette partie de l'Inde propice à la culture du riz, la réglementation et l'administration centrale ne tombent pas sur les riziculteurs. Rares sont les associations ou les riverains à contester le principe d'une agriculture essentielle pour nourrir un pays de plus d'un milliard d'habitants dont certains, on ne peut le nier, ne mangent pas à leur faim.

En outre, même les néo-ruraux indiens qui ont perdu le contact avec les réalités du monde agricole depuis des décennies, ne font pas de procès à leurs paysans. Ils en ont un très grand respect. Le musée de l'Agriculture et des Sciences, inauguré à Bangalore, la *city* de la tech indienne, illustre cette volonté politique et culturelle de continuer à promouvoir son agriculture, dont la nation est fière. On y retrouve une histoire complète de l'agriculture sur le sol indien, les spécificités régionales et les moyens mis en œuvre pour la pérenniser dans le contexte de réchauffement climatique. Qu'importe si la tech ou l'aéronautique constituent son poumon économique, la volonté farouche de promouvoir et de ne pas oublier le secteur agraire est aussi une priorité.

À l'heure où ce livre s'écrit, ce sont cette fois-ci les autorités du Tamil Nadu, grand État situé dans le sud de l'Inde, qui ont arrêté le principe d'un musée à Chennai. La création de cet espace dans une ville du sud qui compte six millions d'habitants dans le sud de l'Inde, a été expliquée en long et en large par les autorités régionales : « La plupart des citadins ne connaissent même pas un iota de l'agriculture. Ils se déplacent sans mettre le pied sur la terre, ne serait-ce qu'une fois. Il est important qu'ils connaissent la "vie agricole" et la gloire de l'agriculture. Ce n'est qu'à cette condition qu'ils connaîtront l'importance des grains de riz et de leur conservation. Leur tendance à gaspiller la nourriture sera également freinée. »

L'Inde possède la seconde surface agricole au monde. Elle a compris qu'il était dangereux de couper ses habitants, de plus en plus nombreux à habiter en ville, du monde rural qui produit les aliments nécessaires à la vie. La nourriture a un prix : celui du labeur des paysans.

Les associations France Nature Environnement et Générations Futures, comme beaucoup de Français, ne semblent pas avoir conscience de l'importance de ces petits grains de riz.

Il est d'ailleurs étonnant qu'un projet de musée de l'Agriculture n'ait pas séduit nos pouvoirs publics si prompts à évoquer la richesse de notre ruralité. Nous autres, Français, avons fait le choix d'immortaliser nos stars et personnalités au musée Grévin sur les Grands boulevards parisiens. Bien sûr, ils font partie de notre culture. Mais point de paysans parmi eux. Pourquoi ne pas l'envisager ? Certes, ils ne sont pas des stars qui brillent au firmament du cinéma ou du petit écran. Quelques-uns, peut-être, se sont un peu médiatisés, ces derniers mois, au cours de leur révolte sur les routes de France. Après tout, ne sont-ils pas tous, en quelque sorte, nos héros du quotidien ? Mais l'essentiel semble avoir été oublié, et nous ne faisons qu'en payer les conséquences par des attitudes hostiles au monde paysan.

XI
La corde autour du cou

Les arbres du parc des Tuileries commencent à perdre leurs feuilles. Elles s'envolent dans une bourrasque de pluie éparse. La lumière est blafarde, c'est l'époque où les journées raccourcissent vertigineusement. Pour une fois, je quitte le bureau de bonne heure, mais il fait déjà nuit. Le genre de temps automnal qui augure de mauvaises nouvelles. Je m'apprête à traverser la rue de Rivoli pour prendre le métro et rentrer chez moi, quand mon portable sonne. Au bout du téléphone, Éric Waffelaert, maire de Brunvillers-la-Motte, commune rurale de l'Oise. Il est effondré. Il semble chercher ses mots.

« Timothée, Timothée, un drame vient de se passer dans ma commune. Mon deuxième adjoint vient de, de, de…

— Que s'est-il passé, Éric ? Dis-moi.

— Il a mis fin à ses jours. Il s'est pendu dans sa grange. C'est sa femme qui m'a prévenu. C'est horrible. C'était un ami sur lequel je pouvais toujours compter. C'était un adjoint efficace, il prenait les dossiers à bras-le-corps. Il était bien intégré à la vie de la commune et s'était beaucoup investi notamment dans l'accueil des réfugiés ukrainiens. »

En tant qu'officier de police judiciaire, notre maire a dû constater le décès intervenu sur sa commune. Il s'est donc rendu dans la ferme de Christophe Budin. Il y a trouvé son corps pendu au bout d'une corde dans la grange. Un terrible symbole, car c'est sur son lieu de travail qui lui a causé tant de maux qu'il a décidé d'en finir avec la vie.

La pendaison… On le sait dans nos campagnes : c'est souvent de cette manière brutale que beaucoup d'agriculteurs qui ne s'en sortent plus, qui se sentent au pied d'un mur trop haut à franchir, décident de mettre fin à leurs jours. Je me suis souvent posé la question : pourquoi choisir la corde ? « On peut imaginer que c'est le plus silencieux, le plus humble et le moins compliqué », me confessera un agriculteur. Dans chaque ferme il y a des cordes et des poutres pour les accrocher. En confectionnant son outil de mort, c'est comme si celui qui n'en peut plus, prenait le temps de mesurer la portée de son geste : rien ne peut plus le détourner de sa morbide détermination. Ou peut-être bien n'est-il plus maître de ses choix. Tout devient mécanique. Tout a été pesé. C'est la seule façon d'en finir, de ne plus se laisser écraser par les évènements. Cela fait froid dans le dos : mourir pour s'en sortir…

Un jour, l'un d'entre eux m'a confié avoir eu un flash en grimpant à l'échelle adossée à la poutre sur laquelle il avait accroché la corde fatale et son nœud coulant. Lui est alors apparue l'image de sa femme et de ses enfants. Une image nette ! Ce fut comme un choc. Il a alors réalisé ce qu'il était en train de faire s'il allait au bout de sa démarche macabre. Il s'est soudain repris : il n'avait pas le droit de les abandonner comme ça. Il est redescendu sur terre malgré ses souffrances. Il restait encore en lui une petite lueur d'espoir. Après s'être reconstruit, il milite aujourd'hui pour la prévention du suicide en milieu agricole.

La défense du monde agricole, c'est aussi de la prévention. Elle ne se limite pas à la production d'écritures ou à une plaidoirie dans un prétoire. Défendre nos paysans, c'est aussi écouter, tendre l'oreille, tendre la main, et ne pas hésiter à appeler chaque agriculteur dans la détresse pour écouter son désespoir et partager ses douleurs. Cela demande temps et disponibilité. Je ne saurais de toute façon pas faire autrement. Je veux être à leur écoute, et du soir au matin s'il le faut.

C'est ma priorité. Que ce soit au téléphone, ou lorsque je réponds à un courrier ou à un e-mail, je ne perds pas de temps et ne compte pas mes heures. Peu m'importe que cela puisse tomber un week-end. Ne jamais attendre pour être présent auprès de ceux qui arrivent aux limites de leur souffrance. « Il n'y a rien de tel que de tomber sur une messagerie vocale quand on est dans la détresse et que l'on a besoin d'un conseil rapide », m'ont confié des paysans lors de nos discussions. Cela augmente le stress, l'accablement. Celui qui appelle à l'aide ressent un profond isolement. Certains agriculteurs m'ont raconté s'être présentés devant la Mutualité sociale agricole (leur caisse d'assurance maladie et de prestations sociales), et s'être retrouvés face à un mur d'incompréhension. Peut-être qu'ils n'avaient pas mis la forme à cause de leur détresse. L'inquiétude et la panique sont toujours de mauvaises conseillères. Quoi qu'il en soit, ils reviennent dans leur ferme encore plus seuls qu'ils ne l'étaient auparavant. Inévitablement pour quelques-uns plus atteints que les autres, c'est la goutte d'eau… qui les fait basculer dans l'irréparable. Aussi ai-je toujours considéré qu'il fallait être, dans la mesure du possible, totalement disponible. Nos agriculteurs se retrouvent de plus en plus souvent entraînés dans un labyrinthe juridique. Les questions fusent. Je dois les guider. De manière à tenter d'atténuer leur inquiétude et les rassurer.

Le suicide, notamment en milieu agricole, est le plus souvent la conséquence d'un écrasant désespoir. Mais ne nous voilons pas la face : c'est aussi la faillite de la société qui n'a pas été capable de déceler ce mal-être en dépit des outils mis en place pour le prévenir. Nos agriculteurs se sentent trop souvent incompris et laissés pour compte.

Un sujet sensible auquel ma propre famille a été confrontée. Oui, je peux en parler aujourd'hui. Cela ne doit plus être tabou, même si la douleur est toujours grande. Parce que plus on en parlera avec humanité et plus on sera en mesure d'éviter le pire.

La femme de mon grand cousin, marchand de bestiaux, s'est jetée du haut de la tour panoramique de Moncalou, à Daglan. C'était en mai 2016. De ce drame, on ne parlait pas chez nous. D'ailleurs le jour de ses funérailles, à Saint Martial de Nabirat, on évoquait un simple accident, une tragédie ordinaire pour expliquer la mort si soudaine de cette quinquagénaire. L'émotion était grande, à la hauteur de la déflagration que provoquait la perte d'un être cher dans nos cœurs. Près de deux mille personnes ont assisté à ses funérailles. J'étais présent. L'église du village était trop petite pour contenir cette foule venue lui rendre un dernier hommage au cours d'une messe simple et touchante. La place du village elle-même était noire de monde. Un signe fort de soutien à ma famille. Cette disparition a créé un vide, mais plus encore l'incompréhension de son mari. Personne n'aurait probablement pu anticiper un tel geste. Mais le pire pour cet homme dévasté et seul, c'est qu'il n'avait vraiment rien vu venir. Elle lui donnait un sérieux coup de main pour les tâches administratives. Il est vrai qu'il était souvent absent. L'activité était intense. Il partait négocier des vaches jusqu'à 3 h du matin. C'est bien plus tard qu'on a su que ce prétendu accident cachait en réalité un suicide. Comment l'oublier ?

*

Un cas isolé ? Loin de là, hélas.

Ces dernières années, ces morts violentes, ces actes désespérés, se sont multipliés. Je pense à Christophe Budin. Il avait 52 ans. Il gérait une exploitation de production végétale à Brunvillers-la-Motte, en pleincœur de l'Oise... Il était dans la force de l'âge, possédait à nul autre pareil la technique et l'expérience pour mener avec talent une exploitation céréalière. Mais son mal-être était trop profond. Probablement trop difficile à supporter.

Ce cultivateur reconnu pour la qualité de son travail a été dénoncé par des voisins. Oui, dénoncé comme aux temps les plus sombres de notre Histoire ! Manière efficace déclenchant plus de la majorité des contrôles des agents de l'Office français de la biodiversité (OFB). Son tort présumé ? Avoir traité au glyphosate, l'herbicide le plus vendu au monde, un chemin rural. La police armée de l'Environnement a constaté le délit sur place, sans la présence de l'accusé. Elle a noté dans son rapport que « l'herbe était jaunie sur une longueur de 688 mètres ». Elle s'est ensuite rendue dans la ferme de Christophe Budin, munie de colts comme s'il s'agissait d'un dangereux forcené, fouillant de fond en comble ses bâtiments vérifiant dans ses moindres détails les colonnes de sa comptabilité, lui demandant enfin de fournir des explications sur son crime. Il a bien entendu tenté de s'expliquer, mais en vain : il a proposé de retourner sur les lieux du soi-disant litige, voulant montrer aux agents dûment mandatés qu'il ne pouvait être à l'origine des faits qui lui étaient imputés, compte tenu de l'écart des buses de son pulvérisateur. Ce qu'ils ont refusé par manque de temps, tout en alléguant que de toute façon ce sentier public était emprunté par de multiples usagers. Donc cela ne pouvait constituer, à plus forte raison, une preuve flagrante. Accusé, taisez-vous !

Pendant neuf mois il a clamé son innocence et constitué un dossier solide pour montrer sa bonne foi. Ce fut inutile. Le coupable était désigné d'avance. La volonté de le sanctionner et d'en faire un coupable expiatoire du dérèglement climatique et de la pollution planétaire, dans un contexte d'*agri-bashing* récurrent entretenu par certains responsables politiques et bon nombre d'associations, a abouti à sa condamnation d'office. Après des semaines de silence, sa convocation par lettre recommandée dans les locaux des « gendarmes de l'environnement » à Beauvais, aura fini par éteindre tout espoir en lui. Il s'en était convaincu : il était à présent dans une impasse. Plus personne n'accordait de crédit à sa bonne foi. Écrasé par l'implacable machine judiciaire, il n'a envisagé que la mort pour se libérer. Un cas tragique qui a ému l'ensemble du monde agricole, et bien au-delà.

Avant de mourir, cet agriculteur a laissé sur son bureau une lettre. Il y explique les raisons de son départ à sa famille, mais aussi à tous ceux qui l'ont connu dans ses engagements associatifs et syndicaux. Il se doutait que personne ne comprendrait son geste si brutal. Il avait besoin de l'expliquer avant de partir.

Le 26 octobre 2022, à Beauvais, s'est tenu un rassemblement de deux cents agriculteurs et responsables politiques devant le siège de l'OFB, en hommage à Christophe Budin.

Je me suis joint à eux.

Le jour n'avait pas été choisi par hasard. C'est à cette date que l'agriculteur défunt aurait dû se rendre dans les bureaux de la police de l'environnement pour y être auditionné. Épandre du glyphosate dans un endroit interdit est un délit pénal pouvant être sanctionné par six mois d'emprisonnement et cent cinquante mille euros d'amende… C'était ce qui était écrit dans le courrier recommandé adressé par l'OFB à l'agriculteur de l'Oise.

« Christophe, demain, ça peut être moi, ça peut être vous, ça peut être nos enfants, il faut que ça s'arrête, protégeons-nous, clame Régis Desrumaux, responsable départemental de la FNSEA dans l'Oise, ému, devant une foule recueillie et encore abasourdie. Nous voulons pouvoir bénéficier de la présomption d'innocence. »

D'autant qu'il est apparu par la suite que c'étaient visiblement des tiers qui avaient provoqué les traces jaunes sur l'herbe du chemin communal, et non Christophe Budin. Ils ont préféré se taire, ne pas à leur tour subir de poursuites. Quelle injustice et quel gâchis !

Tous les jours en France au moins une paysanne ou un paysan met fin à ses jours.

*

Cette solitude face à une administration perçue comme trop rigide, assise sur ses certitudes et manquant d'empathie, des centaines d'agriculteurs la vivent au quotidien. Un autre exemple me vient à l'esprit. Son dénouement est plus heureux, car le fermier a appelé un avocat très vite avant que les choses ne s'enveniment définitivement. Cet avocat, c'était moi. Pour Christophe, malheureusement, je ne pouvais plus rien faire. Je n'ai connu les détails de son affaire qu'après sa mort.

Nicolas Delville m'appelle décontenancé, un jour de l'été 2023. Ce céréalier d'une trentaine d'années est, lui aussi, visé par des poursuites de l'OFB. Il représente la quatrième génération d'agriculteurs implantés à Chermizy-Ailles, commune rurale de cent dix habitants, située dans le département de l'Aisne. Il n'a jamais mis les pieds dans un tribunal. Il a reçu un courrier du procureur de la République de Laon dans lequel certains griefs précis lui sont reprochés, griefs établis à la suite d'une visite impromptue des agents de l'OFB dans sa ferme un an auparavant. Il est convoqué au tribunal en août, juste pendant la période des moissons, il n'a pas le choix : il devra se présenter !

Tout commence par la dénonciation d'un riverain, une fois encore. Alertée par de braves citoyens, la police de l'environnement débarque sur ce sentier perdu dans la campagne picarde. Et là encore, le contrôle est loin d'être le fait du simple hasard. Des semences de blé enrobées d'un insecticide potentiellement dangereux pour l'environnement et la santé humaine ont été retrouvées sur ce chemin menant à ses parcelles. Ces semences incriminées étaient stockées dans un *big bag*, c'est-à-dire un grand sac en plastique pouvant peser plusieurs centaines de kilos que Nicolas avait transporté jusqu'à son champ avec son tracteur. C'était en février 2022. Il voulait ressemer à la volée quelques endroits où le blé n'avait pas levé, car les sangliers étaient passés par là et avaient saccagé la terre.

Mais un imprévu se produit ce jour-là. Son père l'appelle pour lui demander assistance. Il vient de s'embourber avec sa voiture, en bordure d'un champ de colza. Nicolas fait alors demi-tour avec son tracteur pour venir secourir son père. Dans sa manœuvre précipitée, il accroche son *big bag* à une branche d'arbre en lisière de sa parcelle. Le sac se déchire. Entre 100 et 150 kg de semences se répandent alors sur son chemin privé… à quelques dizaines de mètres du champ où il devait les verser. Il a bien vu l'incident. Il reviendra sur place pour tout ramasser. Mais pour le moment, il ne songe qu'à sortir son père de l'ornière où il est enlisé. Grâce à son tracteur 4 roues motrices et sa dextérité, tout se passe bien. Mais le temps passe. C'est l'hiver, la nuit tombe vite. Nicolas Delville doit rentrer à la ferme pour nourrir ses poules pondeuses. Il sait qu'il doit impérativement retourner le soir même sur son chemin pour ramasser ces semences réservées à son champ. Mais dans une telle obscurité, ce n'est pas forcément une bonne idée ni vraiment efficace. Le lendemain, un engagement professionnel l'oblige à aller dans les Ardennes pour récupérer du matériel agricole. Il aura le temps ensuite de récupérer ses semences. Mais le surlendemain, il se rend sur place et découvre que les semences répandues à terre ont disparu.

Le 25 février de la même année, le paysan picard reçoit un courrier de convocation de l'OFB pour un entretien le mois suivant dans les locaux de l'institution publique à Laon. Nicolas Delville s'y rend. Il n'a pas trop le choix. Ce n'est pas son genre de se défiler devant ses responsabilités. Il n'a jamais été convoqué par la justice. Il n'a rien de grave à se reprocher. Il se rend donc à cette convocation l'esprit tranquille et pense sincèrement que sa bonne foi ne sera pas remise en cause. Il va tomber de haut. Comme s'ils avaient à faire à un malfrat, les agents de l'OFB lui demandent de décliner son identité et multiplient les questions sur le fonctionnement de sa ferme au cours d'un interrogatoire qui dure presque deux heures. Autant dire qu'ils ne sont pas près de lâcher leur os ! Puis, plus d'une année s'écoule à la suite de cette audition coriace sans que Nicolas Delville ne reçoive la moindre information sur l'état de la procédure. Un silence pesant qui l'affecte psychologiquement ainsi que sa famille et ses proches : il a le sentiment évident de vivre avec une épée de Damoclès sur la tête.

Nous sommes le 21 juin 2023, quatre mois se sont écoulés depuis ce premier épisode : deux agents de l'OFB se rendent dans sa ferme et lui remettent le procès-verbal d'une convocation en vue d'une composition pénale. L'audience aura lieu le mercredi 23 août 2023. Les agents l'invitent à signer le procès-verbal. Nicolas Delville appose sa signature au bas du document, mais sans avoir eu le temps de relire son contenu : le travail aux champs n'attend pas. « Je n'étais pas à l'aise après cet entretien. J'étais perdu, c'est pour cela j'ai fait appel à vous pour m'accompagner », m'explique-t-il contrit au téléphone quelques jours plus tard. Il me parle d'un courrier angoissant qui rappelle les peines maximales qu'il encourut face à ce délit. Le papier officiel évoque également la somme de cent cinquante mille euros d'amende. Pire : il serait potentiellement passible d'une peine de trois ans d'emprisonnement. Un courrier des plus agréables qui montre à quel point l'État soutient ses agriculteurs.

La question ne se pose même pas pour moi : j'accepte de prendre tout de suite ce dossier en main et de défendre une fois de plus un paysan totalement perdu et écrasé par le rouleau compresseur des tribunaux. J'oublie mes vacances programmées en août, chez moi, en Dordogne, à plus de 700 kilomètres de là. J'ai à présent d'autres urgences : je rejoindrai Nicolas en train en repassant par Paris…

Lorsqu'il vient me chercher à la gare de Laon, ce mercredi 23 août, je devine dans son regard sa détresse. C'est sur de telles émotions négatives que jouent des contrôleurs dominants pour asseoir leur petit pouvoir. Nous déjeunons ensemble. D'abord je le rassure, même si son angoisse est palpable. Nous allons nous battre et démontrer sa bonne foi : il n'a jamais eu l'intention de répandre un tel produit ailleurs que sur ses terres. Nous affinons les derniers détails de sa défense. Nicolas ne va pas contester les faits reprochés – ce qui aurait été une mauvaise tactique –, nous allons démontrer avant tout les éléments qui ont provoqué l'incident indépendant de sa bonne volonté. Pour détourner un peu la conversation qui lui pèse, il me parle alors de ses projets, de ses choix de vie et de son projet de mariage en octobre.

À l'audience, nous découvrons un délégué du procureur, celui-ci étant d'ailleurs en congés. Nicolas Delville, lui, n'a qu'une idée en tête : faire entendre raison à ses juges. Il a des circonstances atténuantes et il en est persuadé, la vérité éclatera. Son erreur d'inattention s'explique par les faits : l'appel au secours de son père. Évidemment, il reconnaît qu'il n'aurait pas dû laisser les semences fermières au sol. Elles ont dû être mangées par les sangliers voisins en quête, l'hiver, de toute forme de nourriture. Les mêmes sangliers qui causent tant de dégâts dans ses cultures : plus de quatre-vingt millions d'euros chaque année. Mais eux, on les laisse en paix, ils ne risquent pas d'interrogatoire à l'OFB.

Disons les choses simplement : il s'en sort bien ! Il est condamné « pour utilisation inappropriée de produits phytosanitaires ». Il écope seulement de trois cents euros d'amende, et aucune condamnation ne sera inscrite dans son casier judiciaire. Il n'en demeure pas moins que les traces psychologiques de cet épisode où il a été considéré comme un assassin de la nature, comme un pollueur, sont encore gravées dans sa mémoire. Il s'en est fallu de peu pour qu'une condamnation plus lourde ne lui tombe dessus et anéantisse toute une vocation d'agriculteur passionné.

Et ça, l'État ne répare pas.

*

Pour ne pas oublier ces paysans qui se sont suicidés dans l'année, un maraîcher de Sainte-Anne-d'Auray, Jacques Jeffredo, a implanté six cents croix blanches en polystyrène devant la basilique de la sainte patronne des Bretons, en octobre 2015. Un symbole fort en mémoire de ces paysans qui ont préféré mettre fin à leurs jours plutôt que de continuer à subir... On me pardonnera l'analogie, mais je vois en eux des soldats morts au combat, enterrés dans ces cimetières militaires aux multiples croix blanches alignées. Chaque année ici, une messe d'hommage est célébrée en mémoire de ces hommes et de ces femmes qui ont choisi la corde plutôt que la vie – cette vie qui leur était devenue à ce point insupportable. Élus locaux et représentants officiels des différentes communautés rurales se pressent entre les murs humides de la grande église. Le rituel a été célébré tous les ans en octobre.

On a compté six éditions. Jusqu'à ce que le Covid y mette fin.

Néanmoins, récemment, un habitant du Lot-et-Garonne, Patrick Maurin, petit-fils de paysans, a pris le relais. Pour la seconde année consécutive, il a organisé une messe du souvenir dans sa commune de Gontaud-de-Nogaret près de Marmande. C'était le dimanche 8 septembre 2024. Face à l'affluence importante, la date de la prochaine cérémonie religieuse a d'ores et déjà été fixée. Elle doit avoir lieu fin 2025, en présence de l'évêque d'Agen. C'est dire si la question est désormais prise au sérieux au sein de l'Église. Si seulement l'État pouvait en faire autant.

Oserai-je penser, en tant qu'homme de foi chrétienne, que le vide spirituel peut aussi expliquer d'une certaine manière ce mal-être des paysans ? Comprenons-nous bien : je n'invite pas la religion dans nos débats. Je ne la vois pas comme seul remède à un problème plus complexe. Je note simplement que, jusque dans les années 70, nos agriculteurs étaient encore très nombreux à gonfler les rangs de nos églises le dimanche. Ils revêtaient même leurs plus beaux atours à cette occasion. C'était un lieu de recueillement où ils pouvaient réfléchir au sens de leur vie, rencontrer tous les autres habitants de la commune à la sortie de la messe sur la place du village ou dans les cafés alentour. Se sentir moins seul, face à l'immensité de l'univers… et face à leur tâche.

À cette époque, dans ma propre famille, on se rendait chaque mois d'août dans la petite chapelle Notre-Dame de Bedeau, construite en deux phases, au XIIIe siècle puis au XVIIe siècle. Elle se dressait dans une plaine, au milieu des champs. C'était un autre temps, où le fils d'une famille d'agriculteurs gardait les clés de l'édifice religieux. « Le petit bedeau », comme on le nommait, l'ouvrait spécialement pour la messe des moissons. Les agriculteurs des quatre coins du village y affluaient. On ne manquait pour rien au monde ce rendez-vous avec le ciel : car, selon la tradition, on venait y « chercher la pluie » en période sécheresse, et le beau temps quand il pleuvait trop. On venait aussi prier Dieu pour soulager un mal physique ou une souffrance psychologique.

Aujourd'hui, les portes de ces chapelles – parfois abandonnées et en ruine au milieu des cultures – et celles des églises sont fermées dans les bourgs. Les lieux de vie disparaissent et ne sont plus que lointains fantômes. C'est aussi le cas des petits bars-épiceries. La vie collective des villages est réduite à un ou deux événements par an dans le meilleur des cas. Le plus souvent, curieusement, autour de fêtes religieuses : le marché de Noël ou la chasse aux œufs de Pâques. Le reste de l'année, chacun reste chez soi derrière ses carreaux et ses certitudes sans prendre conscience de la grande détresse des agriculteurs… ceux qui sont aussi leurs voisins.

*

En Inde – presque ma deuxième patrie –, la situation du mal-être des agriculteurs n'est guère plus florissante, je suis bien obligé de le reconnaître. D'après les seuls chiffres officiels portés à notre connaissance, un paysan indien se suicide toutes les trente minutes contre un à deux par jour en France. Morbide calcul. Mais qui en dit long sur la situation des forçats de la terre. Chez les paysans indiens, plutôt habitués à travailler la terre dans de rudes conditions, plus de la moitié des quatre-vingt-neuf millions d'agriculteurs que compte ce vaste territoire, sont surendettés. Mais le gouvernement indien ne dissimule pas ces vérités. Il assume même cette situation dramatique.

C'est notamment sur ce thème que je me suis déplacé en juillet 2023, à Patan, un village de cent quatre-vingt mille habitants situé dans l'État du Gujarat, à l'ouest de l'Inde: territoire encastré entre le Maharashtra et le Punjab. C'est un haut fonctionnaire d'une quarantaine d'années, mari d'une ancienne condisciple à l'université, qui m'accueille. Il m'a organisé pendant une semaine une série de rencontres avec la profession agricole locale. Ce voyage est ponctué par des visites avec les Krishi Vigyan Kendra, c'est-à-dire l'équivalent de nos chambres d'agricultures départementales. De nombreux déplacements dans des fermes représentatives des différents modèles agricoles de cette région indienne, sont inscrits également au programme.

À l'issue de ce périple, j'aurai l'occasion de répondre aux questions de la presse régionale. Lorsqu'un journaliste évoquera le thème délicat du suicide chez les agriculteurs, je n'hésiterai pas à saluer la lucidité du ministère indien de l'Agriculture : « Le nouvel intitulé du ministère depuis 2015, "Ministère de l'agriculture et du bien-être des agriculteurs", est à mon sens une dénomination pertinente et juste ! », dis-je tout en songeant, avec de la peine, que cette approche audacieuse est néanmoins lourde de sens au regard de la situation des paysans du monde.

En 2020, le président de la République Emmanuel Macron a fait le choix d'associer la souveraineté alimentaire à l'agriculture. Cette décision s'impose, elle est même, selon moi, l'évidence : il ne peut y avoir de souveraineté alimentaire sans agriculture forte. Souvenons-nous des confinements successifs pendant le Covid.

Tout comme il ne peut y avoir d'agriculture forte sans agriculteurs bien dans leurs bottes. C'est l'une de leurs revendications majeures de cette crise agricole entamée en 2024 et toujours prête à exploser à nouveau, n'en doutons pas : « Laissez-nous travailler en paix ! »

XII
Soulèvement de la terre bretonne

Ce dimanche 29 octobre 2023, je suis particulièrement concentré : j'apporte la dernière touche à mon discours. Dans quelques heures, le ministre de la Justice en personne va me décorer de l'Ordre du Mérite agricole. Cela se passera sous les ors de la chancellerie. Je n'ai pas le droit de me louper. C'est un moment important à plus d'un titre : je souhaite envoyer des signaux forts à la profession agricole et à notre garde des Sceaux, Éric Dupond-Moretti, comme je l'ai déjà évoqué plus haut. Le métier d'agriculteur doit à nouveau pouvoir faire confiance à la justice. Certains des personnages cités dans le présent livre ont bien entendu été invités à la cérémonie. « Le méritant ce n'est pas moi. Ce sont eux », suis-je en train d'ajouter à la dernière version de mon texte de récipiendaire.

À cet instant, alors que je fignole mon allocution, je vois apparaître dans ma boîte mail un nouveau message dont l'objet tient en deux mots simples, a priori : « Demande d'information ». Qui diable me sollicite à cette heure si tardive, un dimanche ? Peut-être la chancellerie pour un dernier détail pratique? Tout a été bordé: la liste des invités, l'ordre protocolaire des discours, le traiteur… Un nouveau client insomniaque? Un confrère pour une procédure en cours? Un spam?

Je marque une pause et finis enfin par ouvrir cet e-mail étrange.

Je découvre également un document en pièce jointe au courriel. Le message est signé d'un certain Jean-Mathieu Pelleteur. La pièce jointe contient une pétition contre un éleveur de vaches: « Salissures et souillures constantes de la route communale occasionnées par les excréments/bouses des vaches. 1 vache = 12 excréments (3 kg/jour); soit 60 kg d'excréments/bouses par passage si on considère seulement 20 vaches du cheptel! » Voici ce qu'indique en long et en large la pétition. Elle a été mise en ligne par les voisins du pauvre éleveur sur le site *change.org*. Ils se plaignent du passage quotidien des vaches au moins deux fois par jour… Quand ce n'est pas quatre passages l'été, avant et après la traite. Le bétail emprunte, en effet, la route communale qui dessert également leur habitation. Une telle transhumance salit leur belle voiture lavée avec l'eau du réseau, même quand l'eau si précieuse se fait rare.

Qu'est-ce que cela veut dire? D'où viennent ces chiffres? Sont-ils vrais? En tout cas, moi qui n'ai pas eu le temps de dîner, la lecture de cette pétition me coupe l'appétit.

Je me remets au travail sur mon discours. Les dernières retouches faites, je me décide à répondre à notre éleveur accusé de faire, en somme, son travail d'éleveur. Je vérifie préalablement l'orthographe de son état civil, la localisation et la spécialisation de sa ferme. Simple mais nécessaire formalité : savoir à qui on a affaire avant tout. Il s'agit donc d'un élevage laitier breton de vaches Prim'Holstein. Notre éleveur possède également un magasin de vente directe, EsquiBio, sur la commune d'Esquibien. La diversification des activités agricoles, parfois au cœur même des exploitations, ouvre de nouvelles perspectives économiques. Certains paysans l'ont vite compris : ils arrivent à s'en sortir mieux qu'à l'ordinaire en développant des animations originales. Lesquelles attirent un public curieux de mieux connaître les fermes et leur environnement. On vient aussi pour goûter des produits de qualité, et découvrir les secrets ancestraux de leur fabrication. « Je propose de vous appeler mardi dans la journée pour en discuter de vive voix. Vous pouvez compter sur mon soutien », lui réponds-je. D'abord, le rassurer. S'il m'écrit un dimanche soir, je peux en déduire qu'il doit être en détresse. C'est le seul jour où les paysans peuvent prendre un peu le large et penser à autre chose qu'aux bouses de leurs vaches.

Entretemps, j'ai vérifié les chiffres avancés par la pétition. Soyons le plus précis possible, surtout s'il s'agit de contrer les mauvaises langues qui se plaignent à tort et à travers. Les chiffres avancés par ces voisins saumâtres reposent, en vérité, sur des quantités extrêmes. En tout cas bien au-delà des moyennes constatées. Lesquelles varient, plus vraisemblablement, entre 30 à 50 kg de bouses par jour en fonction de la ration alimentaire, des températures et de l'humidité. On en apprend tous les jours avec les agriculteurs. Je vais devenir un expert en excréments de vaches. Notez au passage que cela me paraît bien plus intéressant et moins sale que celles laissées par nos chiens, sous le regard attendri de leur maître, sur les trottoirs de la ville.

Mais sans doute cet agriculteur-là est-il à bout, harcelé par des riverains qui ne voient pas plus loin que le bout de leur clôture ou de leur calandre de voiture. Enfermés dans une bulle aseptisée où rien ne dépasse, mais où l'on s'ennuie tellement que l'on vient chercher noises à son prochain pour s'occuper un peu. Eh bien, puisque c'est ainsi, je le défendrai volontiers ce méchant éleveur à qui l'on ordonne de ne plus élever la moindre bête à cornes. Pas question de le laisser dans la bouse. Je vais donc devoir faire face à une énième manœuvre d'un autre genre et qui n'est pas près d'apaiser les relations entre néo-ruraux et paysans. Elle éloigne même cette concorde à laquelle j'aspire dans nos campagnes et que j'avais l'intention de rappeler dans mon discours en présence du garde des Sceaux. Il faudra que je tempère.

Jusqu'à présent, j'avais connu les lettres anonymes déposées dans les cuisines de fermes, les guérillas judiciaires de voisins vent debout contre des projets ruraux classiques en terres agricoles. Voilà que cette affaire inédite révèle une autre forme d'intimidation. Elle n'est plus souterraine, larvée et sournoise.

Non, cette fois elle vise à soulever non seulement le voisinage proche mais aussi n'importe quel inconnu habitant aux quatre coins de la France, et ce grâce aux réseaux sociaux. Il est facile de les mobiliser sur des thèses multiples et multiformes : antispécistes, anti-paysannerie. Ou encore pour la défense des sentiers ruraux. Il faut multiplier les signatures sur le plus petit dénominateur commun, pour rassembler le plus grand nombre de noms et faire infléchir ainsi notre agriculteur par la terreur des mots.

Ainsi, le collectif Esquibien, celui qui est contre la traversée des vaches d'EsquiBio sur la route à cause de leur déjection, a lancé une pétition en ligne sur le site *change.org*. Son titre est merveilleusement évocateur : « Pour la sauvegarde du village de Penfrat Esquibien ». Ainsi les bouses de quelques bovins menacent de destruction « par voies naturelles » un ensemble de maisons voisines ? Pour les auteurs de cette exubérance, rien n'est trop fort, rien n'est trop vrai pour se donner raison et frapper un grand coup. En présentation de leur aimable logorrhée, on peut lire ceci : « Malgré plusieurs rencontres sur sites et propositions faites au GAEC EsquiBio, en présence des élus, pour solutionner la situation inacceptable à Penfrat, le collectif d'Esquibien a été créé pour la sauvegarde du village de Penfrat dans le respect de l'environnement et du patrimoine culturel, naturel et architectural du littoral. » De vrais Zorro de la nature. Mais qui sont capables de dire tout et n'importe quoi pour avoir raison contre vents et marées.

Deux petites précisions s'imposent à la lecture de ce texte. Un GAEC (Groupement agricole d'exploitation en commun) est une société civile spécifique aux paysans. Elle permet aux associés du regroupement de travailler dans des conditions comparables à celles existant dans les exploitations à caractère familial. Penfrat est un hameau, et dans les campagnes on emploie facilement le mot village pour désigner le moindre regroupement de maisons campagnardes. Il est situé sur la commune d'Esquibien.

Les auteurs du texte – des personnes qui savent tout de la vie – imposent donc à notre agriculteur de refaire un chemin rien que pour pouvoir faire passer ses vaches. En outre, les quelques rares commentaires laissés par les signataires du texte incriminant sont comme cette pétition elle-même : hors sol. Il suffit pour s'en convaincre de lire leurs avis frappés au coin du bon sens. « En France, cela devient comme en URSS », écrit un certain Daniel D. qui ne doute de rien et qui connaît forcément l'histoire du communisme d'État pour oser proférer de tels contresens. « Il me semble que nous sommes en République, qu'il y a des lois à respecter », ajoute Bernard R.M., défenseur des lois qu'il ne connaît pas. « J'en conviens, cette route est très souillée par les excréments », poursuit Philippe P., plus perspicace qu'Hercule Poirot lorsqu'il s'agit de réunir les indices du crime.

Cette pétition rurale publiée sur un site internet spécialisé et que l'on peut aider par un don, est perdue au milieu d'un fatras de réclamations. Désormais tout est bon pour lancer une pétition. En voici un florilège : « Pour le gel des loyers et la construction massive de logements sociaux », « Pour un système scolaire adapté à une meilleure réussite » (comme si on pouvait être en faveur d'un système pour l'échec scolaire !), « Non aux anneaux olympiques sur la tour Eiffel de façon permanente »…

La pétition du Collectif Esquibien a été signée par six cent soixante-trois personnes avant sa fermeture. C'est peu et beaucoup à la fois pour cette commune de moins de mille six cents habitants. Ces supporters viennent, pour un grand nombre, d'autres communes ou villes. Personne ne mesure ce qu'est la réalité d'un élevage de bovins. Quitte à en défriser quelques-uns, il se trouve que nos vaches pètent et bavent… Elles urinent aussi : 50 litres par jour ! Ces matières liquides mélangées à l'eau de pluie, deviennent inévitablement une sorte de bouillie. Une réalité quasi quotidienne. Sauf que sur la carte postale de nos campagnes paradisiaques, la moindre saleté n'a plus sa place sur la photo, quand bien même elle serait le fruit d'une activité agricole. Le magasin à la ferme EsquiBio se situe tout proche d'Audierne et de ses plages de sable blanc. Le touriste est roi et les vaches n'ont qu'à bien se tenir, hors de sa vue et de son odorat : qu'on les enferme une fois pour toutes dans leurs stabulations ! Ce sont les mêmes qui militent pour l'élevage en plein air ! On n'est pas à une contradiction près…

Les temps semblent avoir changé. La maison secondaire doit aujourd'hui incarner ce havre de paix idéal, mais aussi un lieu de beauté intact où la terre, l'eau et la pluie avec les saletés qu'elles charrient n'ont plus leur place. C'est un véritable retournement des mentalités. Le Covid et ses masques ont accentué, dans l'esprit des Français, la peur de la contamination animale. Mais bien pire, la méconnaissance du monde agricole, là où viennent s'installer ceux que l'on nomme les « néo-ruraux », provoque ces constants séismes humains.

Ce n'est donc pas le meuglement de vaches qui dans le cas présent pose problème pour le voisinage ou la proximité de la ferme par rapport à leurs habitations comme à Adainville. Mais le simple passage quotidien d'une soixantaine d'animaux, qui ont pourtant traversé ce chemin depuis des décennies sans qu'il y ait à déplorer le moindre reproche, la moindre plainte des riverains.

Comme Jean-Mathieu, notre éleveur accusé, me l'expliquera de vive voix lors de mon appel téléphonique promis, chaque matin, depuis des générations, c'est le même rituel. On sort les vaches de leur stabulation ; le bétail discipliné emprunte la même portion de la route communale – ce qui l'oblige, au préalable, à bloquer momentanément le passage avec deux petites chaînes de part et d'autre de la route –, une dizaine de minutes sont alors nécessaires pour assurer la traversée. Rebelote le soir pour les ramener à la stabulation et les ressortir après la traite à la belle saison pour les laisser paître aux champs. Une tradition solidement ancrée, ici comme ailleurs.

La ferme étant sur un terrain enclavé, ce passage d'animaux a toujours existé et aucun riverain jusqu'alors ne l'a remis en question. C'était chose admise. « C'est ainsi depuis le Moyen Âge, me racontera un autre villageois. Chaque soirée, les éleveurs et bêtes se rencontraient sur ces petites routes. » « Désormais, on croise bien plus de troupeaux que de voitures pressées », ironisent certains paysans. Des véhicules dont les propriétaires ne sont pas vraiment patients lorsqu'il s'agit de laisser passer quelques braves vaches qui leur ont peut-être fourni leur lait du petit déjeuner.

Qu'est ce qui a donc pu mettre le feu aux poudres ? Là encore, c'est un conflit hors sol entre un éleveur et quelques voisins, dans une commune rurale du Finistère marquée par l'activité agricole. Là encore, c'est une simple histoire de passage d'animaux qui a fait exploser le hameau, aujourd'hui transformé en guerre de tranchées.

*

Audierne, ville de trois mille habitants, est située dans le Finistère sud à quelques miles marins de l'île aux Vaches. Preuve s'il en est que les bovins font partie des us et coutumes locales, y compris au large. Les agriculteurs et les pêcheurs bretons connaissent la même pénibilité dans leur métier et savent lutter ensemble pour défendre leur bout de gras. Au temps de la pêche à la morue en Atlantique Nord sur les Terre-Neuvas, les hommes des champs partaient des mois entiers sur les embarcations pendant que les femmes assuraient le travail de la ferme. C'était un revenu nécessaire pour assurer la survie des familles dans cette région pauvre agronomiquement. En 2013, agriculteurs et pêcheurs ont participé au grand mouvement de contestation du peuple breton contre l'écotaxe. Le mouvement des Bonnets rouges, après deux grandes manifestations de masse à Quimper et Carhaix-Plouguer, a fait tomber la réforme. Plus récemment, lors de la colère des paysans début 2024, on a assisté à Rennes à l'amorce d'un front commun entre pêcheurs et agriculteurs.

Les Bretons sont fiers de leur territoire et de leurs racines. En agriculture, nombre d'exploitations agricoles sont transmises de père en fils. Depuis peu, il faut bien l'avouer, depuis seulement la fin du XXe siècle, les filles sont admises à reprendre la ferme familiale ! Jean-Mathieu Pelleteur, issu d'une vieille famille paysanne présente depuis treize générations dans la commune, est l'un d'entre eux. Sa sœur Anna a étudié la fromagerie dans une école vosgienne et met aujourd'hui à profit ses connaissances à la ferme familiale. La presse régionale que j'ai parcourue pour m'informer un peu mieux sur mon client, en fait même état. « Depuis les années 1600, la ferme du Cosquer Vihan à Esquibien a été tenue par treize générations de descendants de la famille Le Bars. Actuellement,

Jean-Mathieu Pelleteur et sa sœur Anna [...] ont à leur tour pris la suite de leurs parents Jean-François Pelleteur et Annick Le Bars, assurant ainsi la quatorzième phase de cette belle aventure. » *Le Télégramme*, quotidien breton incontournable dans la région, illustre son article avec la photo des deux protagonistes. Ils sont debout devant le panonceau en bois qui annonce les horaires d'ouverture du magasin de vente directe, EsquiBio.

Comment rester insensible à ce patrimoine agricole transmis de père en fils depuis autant de générations et capable de s'adapter aux goûts de son temps ? En tant que descendant d'une vieille famille de marchands de bestiaux, dont la date de création de la ferme figure encore sur le fronton du portail, je ressens, une fois de plus, la nécessité de défendre coûte que coûte ce modèle agricole familial qui fait la fierté de nos territoires.

Un modèle agricole exemplaire qui est remis en cause par la seule volonté de voisins grincheux et de mauvaise foi. À la tête d'une ferme bio, notre courageux éleveur ne peut a priori que faire l'unanimité dans le village. De surcroît à une époque où les attentes sociétales sur ce point se sont multipliées. C'est un agriculteur connu dans la région, responsable par son choix de conversion en élevage bio. La presse locale l'a suffisamment relevé. Qu'on ne vienne pas nous parler, à présent, des nuisances d'un élevage industriel, alors que l'on est en présence d'un cheptel de vaches bio, au cœur de la ferme familiale et artisanale. Quelles fourberies! C'est évident, notre agriculteur devrait plutôt plaire à ces indignés de la bouse bretonne. Mais les voici qui se sont constitués partie civile autour d'une association virulente, dont certaines méthodes font penser à celle des Soulèvements de la Terre : ce collectif écologiste radical et contestataire fondé en 2021, s'est illustré notamment par des actions violentes contre les « mégabassines » au printemps 2023.

La ferme ici mise en cause n'est quand même pas tenue par un « méchant » agriculteur « productiviste ». On a plutôt affaire à un pacifique fermier, adepte du bio et des haies protectrices et naturelles. Un atout et non une faiblesse dans notre dossier. « En revanche, m'avoue mon client, je suis encarté à la confédération paysanne. Je tenais à ce que vous la sachiez. » Il m'en informe, comme pour lever un éventuel désaccord entre mes convictions et les siennes. La Conf' n'était-elle pas un allié assumé des Soulèvements de la Terre ? Nos belligérants devraient au contraire être contents de ce positionnement et ne pas lui chercher des ennuis.

Quant à moi, certaines prises de position personnelles, exprimées dans les médias, avaient peut-être amené Jean-Mathieu Pelleteur à penser que je penchais en faveur de tel ou tel syndicat agricole. C'est mal me connaître. La défense des agriculteurs n'est pas la propriété d'un parti politique ou d'un syndicat agricole. Elle les transcende. Alors oui, qu'importe l'étiquette de mon agriculteur. Ma soif de défense et de justice est la même pour chacun d'eux. Car nous nourrir est leur métier, et le défendre est mon devoir.

Je lui propose une initiative : « Laissez-moi organiser une réunion avec la municipalité en présence des voisins. » Pour tenter d'apaiser les passions, ce genre de réunion à l'amiable sur site avec les principaux protagonistes s'impose et pourrait nous éviter le pire. Il ne faut pas passer à côté de la réalité géographique qui est particulièrement importante, surtout quand il s'agit de positionner un chemin sur un cadastre.

Quelques jours plus tard, je prends un TGV pour Quimper. C'est la sœur de Jean-Mathieu, Anna, qui vient me chercher à la gare pour me conduire à la ferme située à l'ouest du département. Ici ont été rassemblées deux communes qui ont retrouvé, en 2016, l'unité qu'elles avaient perdue pendant la Révolution française, en 1793.

Dans la voiture de notre éleveuse, nous discutons de tout. De sa passion pour les vaches, de ses doutes, de ses inquiétudes. Comment peut-on bien défendre nos agriculteurs si nous ne partageons pas leur quotidien ? Ce déplacement qui ne devait durer que quelques heures va en réalité se prolonger, bien au-delà de ce que j'étais en mesure d'imaginer.

Arrivé dans la ferme du Cosquer Vihan, je retrouve Jean-Mathieu dans la cuisine familiale, assis devant une tasse de café brûlant. C'est un homme brun et barbu d'une quarantaine d'années. Il est de ces agriculteurs déterminés et inquiets. Cette sournoise attaque lancée par des voisins grincheux le rend mal à l'aise. Il est inquiet pour sa sœur Anna. Quatre ans plus tôt, elle l'a rejoint dans cette aventure commune. Il songe aussi à son vacher qui est en première ligne pour conduire les vaches sur la route communale de la discorde. C'est lui et lui seul qui subit les regards méchants et les moqueries déplaisantes de leurs voisins. Alors oui, cette réunion de conciliation planifiée à mon initiative depuis Paris et avec la mairie, est le rendez-vous crucial. Pour comprendre, pour apaiser, pour tourner la page. Mais avant cela, il faut la préparer avec la fratrie d'éleveurs. Envisager tous les scénarios possibles. Éviter les provocations. Garder son calme. Répondre point par point. Montrer sa bonne foi.

La réunion se déroule au premier étage de la mairie du village d'Esquibien. Elle se dresse sur le port, face à la mer. Mais c'est face à la terre que nous aurions dû nous retrouver dès le début de la réunion. Car c'est sur le terrain que les solutions se trouvent et non pas uniquement dans des bureaux de fonctionnaires. En entrant dans la salle de réunion, je découvre le visage de ces riverains à l'origine de la contestation. Ils n'ont pas le profil des membres radicaux du groupuscule des Soulèvements de la terre. Non, ce sont visiblement deux couples d'apparence sereine. Nous avons l'air d'avoir affaire à des gens civilisés et instruits. L'un d'entre eux est d'ailleurs maître de conférences dans une université de renom.

Chacun prend la parole pour se présenter. Il me tarde de comprendre les arrière-pensées des uns et des autres derrière cette si virulente pétition. Ils expliquent alors leur peur étrange, leurs craintes infondées : ces vaches sont devenues source d'une profonde angoisse. « Que se passera-t-il le jour où on fera appel à une ambulance, et qu'elle se retrouvera bloquée à cause du passage de ce troupeau ? » L'argument de la sécurité publique sert de cache-misère pour contraindre le maire à prendre un arrêté d'urgence publique : il doit interdire le passage d'animaux sur un chemin qui peut sauver des vies humaines. Pourtant, comme le Code de la route l'impose, le panneau triangulaire relatif au passage d'animaux domestiques est bien placé depuis des années sur le bord du chemin incriminé. L'argument de la sécurité est un masque qui tombe bien vite : les voisins dénoncent l'insalubrité qui leur pose problème. « Cette boue mêlée aux excréments devient infecte pour nos déplacements, nous ne la supportons plus. » Il ne fallait pas être devin pour comprendre la véritable motivation des accusateurs.

La demande des voisins est très simple et si évidente : contraindre notre éleveur à créer un nouveau chemin réservé à son cheptel. Ainsi, ils ne seront plus bloqués au retour de leurs courses. Ils ne verront plus ces horribles excréments qui se transforment parfois en flaque boueuse devant leur habitation. C'en est trop pour notre interlocuteur qui ne peut s'empêcher de hausser le ton. Les voisins tombent dans la tragédie, ce sont de vraies larmes qui coulent sur leur visage, l'un d'eux se prend la tête entre les mains. On s'interroge, à juste titre, sur la dimension irrationnelle et émotionnelle prise par cette affaire. Aucun dialogue ne semble possible dans cette salle de conseil municipal. Chacun campe sur ses positions. Je propose alors de nous rendre sur site. Le convoi se met en route vers la ferme d'EsquiBio. Nous arrivons sur le lieu du litige : c'est-à-dire au milieu de ce chemin communal où les vaches traversent la route, en passant devant les habitations des deux couples, pour rejoindre leurs prairies.

Nous avons tous chaussé nos bottes. Sans trop de surprises, nos plaignants sont équipés de bottes de pluie plutôt adaptées pour une sortie en bord de mer. Mais même si nous sommes tentés de le faire, ne nous fions pas hâtivement aux apparences. Le maire, dont j'apprends qu'il est descendant d'une vieille famille de druides, nous accompagne bien évidemment. Il ne veut rien rater de cette fragile conciliation, à laquelle il aspire pour s'éviter des ennuis. Le plus amusant, ou le plus inquiétant, c'est qu'il semble découvrir ce hameau pour la première fois. Il se met en retrait tout au long de la réunion, ne sachant pas vraiment quoi dire, et encore moins quoi faire. La potion magique de la négociation tarde à faire effet. La réunion s'éternise. Je comprends qu'il me sera impossible de prendre le TGV du soir, comme je l'avais prévu. J'avais été un peu trop optimiste. Pas question de quitter mes éleveurs coincés dans une impasse. C'est maintenant, et ici sur le lieu du crime, qu'il nous faut trouver la solution. Et celle-ci commence enfin à émerger.

Alors que le soleil pique du nez, que la fatigue se fait sentir après des heures de discussions arides, une porte de sortie s'entrouvre. L'idée est digne des plus grands ingénieurs. Il s'agit d'édifier des poteaux en bois sur une première portion du chemin communal pour séparer le cheptel des véhicules. Puis, sur la seconde portion du chemin, celle qui arrive devant les habitations de nos voisins, le dévier vers une parcelle adjacente, ce qui préservera la propreté devant leurs maisons. Mais qui paiera la déviation du chemin, les multiples études préalables nécessaires pour travaux en zone humide ? L'addition s'annonce à première vue salée. Plus de cent mille euros pour quelques vaches. C'est le prix à payer pour vivre, pour coexister. Le maire se fait tout petit.

Autant de questions qui demeurent en suspens et laissent chacun perplexe. Les voisins finissent par quitter la réunion, après une poignée de mains fort républicaine à nos éleveurs. Je tiens à les saluer, chacun à leur tour, en informant le couple meneur de la fronde de mon intention de lui rendre visite dans la soirée. « Je n'y crois pas », me dit l'un d'eux, l'air goguenard. Il se trompe lourdement. Après un dîner autour des quelques pizzas maison préparées à la ferme, c'est muni d'une lampe torche que je me dirige dans la nuit vers la maison de ces voisins. Une magnifique et vaste bâtisse bourgeoise. Par une fenêtre de la cuisine, je les découvre attablés, l'un en face de l'autre. Je frappe à la porte d'entrée.

« Je ne pensais pas que vous viendriez, maître, m'avoue mon hôte visiblement saisi. Un point pour vous ! », me dit-il un peu décontenancé. Nous passons dans le salon et il me sert un vieux cognac. Nous parlons un peu de tout pour réchauffer l'atmosphère. De ses derniers trophées de chasse. De leurs expériences professionnelles. De leurs voyages au bout du monde. Puis arrive le sujet délicat, le cœur du litige : le passage des vaches. « Maître, que les choses soient claires : nous ne sommes pas des néo-ruraux. Nous réfutons ce terme barbare. Nous connaissons la vie à la campagne. Ne nous faites pas, à nous, un mauvais procès, si je puis vous dire les choses ainsi ! », me précisent-ils, comme s'ils devaient absolument me convaincre du bien-fondé de leur démarche.

Cette visite impromptue me conforte sur la racine du litige. Derrière ce conflit, ce sont les vieilles querelles locales et familiales qui se réveillent. En arrière-fond, c'est ce sentiment de déférence que devrait le paysan à l'égard du notable, lui-même descendant d'une vieille famille bretonne. En filigrane, c'est aussi le constat d'une nouvelle génération de voisins installée dans nos campagnes et qui a perdu cette proximité avec la terre. Une génération qui ne maîtrise plus, hélas, ces usages locaux transmis au fil du temps, entre familles voisines.

Nous sommes en présence des descendants d'une vieille famille du hameau. Une bourgeoisie de la caste des marchands. Je comprends alors que les grands parents et arrières grands parents de notre éleveur et de ses voisins se sont toujours connus et appréciés. Mais selon une hiérarchie établie qui n'a plus lieu d'être. Les ancêtres de mon paysan ont probablement été les fermiers de ces propriétaires agacés : ils étaient ceux qui entretenaient et exploitaient leurs riches parcelles agricoles.

Jusqu'à peu, tous les 15 août, les voisins se réunissaient à la fontaine du village pour suivre la procession mariale. La vieille fontaine devant laquelle je suis passé est aujourd'hui recouverte par une abondante végétation : les us et coutumes sont tombés dans l'oubli. Certes l'eau continue de se frayer un timide passage, malgré tout. Depuis longtemps, ce n'est plus une eau cristalline mais un liquide plein des amertumes de la vie, qui me fait penser aux pleurs de la salle de la mairie. La douceur des rapports humains qui régissaient l'existence des hommes de bonne volonté et de toutes les classes sociales dans nos campagnes, a laissé place aux jalousies et aux conflits. Les arrière-pensées salissent les âmes comme cette eau de la fontaine souillée par l'abandon et le temps. Les rancœurs se sont accumulées et alimentent trop souvent la chronique. Des histoires de ventes de parcelles, des changements de fermiers ont, petit à petit, empêché le dialogue entre ces dernières générations d'habitants.

Il se fait tard. Je pense à Jean-Mathieu et Anna qui m'attendent dans la cuisine avec impatience pour avoir mon compte rendu. « Promis, nous fermons dès demain l'accès vers le site de la pétition », m'assurent les plaignants sur le pas de la porte, tout en me glissant dans les bras une bouteille de cidre local. Je n'en espérais pas moins. Ces deux gestes constituent les premiers signaux de bonne volonté à l'adresse des éleveurs inquiets par la tournure que pourraient prendre les évènements.

*

Quand je reviens à la ferme, il est minuit passé. Sur le chemin de retour à la ferme, le bruit des vagues s'écrasant sur la côte vient troubler le calme de la campagne. Je repense à mon parcours. Celui d'un avocat qui, il y a quelques mois, se destinait à faire partie des grands cabinets d'affaires. Et me voilà au milieu des champs, à quelques mètres de la mer, avec ce sentiment d'avoir fait le meilleur des choix. La défense des agriculteurs est devenue mon unique sacerdoce. Je ne veux plus compter mes heures pour cette cause qui me touche au plus profond. Je veux d'abord me battre pour la cause paysanne. Partir sur les routes de France et de Navarre avec mon bâton de pèlerin. Avec pour guides, le droit et la justice ! Je veux chercher et trouver des solutions acceptables pour apaiser les conflits. Éviter tant que faire se peut les tribunaux, aux uns comme aux autres. Qu'importent les distances qu'il me faudra parcourir. Où que se trouvent ces terres de litiges et de colères, quel que soit le jour de la semaine, je reste disponible. Je suis avocat. Je suis fils de paysan !

Il me faut cependant le reconnaître ici : l'affaire n'est toujours pas réglée. Les études tardent. Personne ne s'est mis d'accord sur les devis pour créer cette déviation et poser les poteaux en bois. Pire, la défiance semble s'être durablement installée. Jusqu'à ce jour, la justice n'a pas été saisie par les voisins ni par Jean-Mathieu. Mais jusqu'à quand ? Récemment, c'est un tuyau d'alimentation en eau de ses prairies qui a été retrouvé percé d'un coup de canif. Un acte intentionnel commis par le voisinage qui montre une nouvelle fois le ressentiment qui s'est durablement installé.

Admettons que la justice soit saisie : que pourra-t-elle dire ? Interdira-t-elle à notre éleveur de faire passer ses vaches sur cette route communale qui leur était réservée ? Aucune alternative n'apparaît envisageable à ce stade. Sauf à exproprier des dizaines de parcelles pour créer un nouveau chemin. Sauf à créer une double voie sur la route communale située en zone humide. Sauf à faire venir à fréquence régulière une balayeuse de Quimper pour en retirer les bouses qui s'accumulent forcément.

Dans le train qui me ramène le lendemain matin, ce sont toutes ces questions que je me pose et qui démontrent l'absurdité de la situation. Alors à mon tour, et au risque de provoquer la partie adverse – mais ai-je le choix ? –, je prends la décision de partager cette affaire sur les réseaux sociaux. Je poste une simple image où l'on voit le vacher mener le troupeau sur le chemin habituel avec ce commentaire : « Voici les vaches pointées du doigt par des voisins qui ne supportent plus leur passage sur un chemin communal. » Un tweet qui, en quelques heures, dépassera les cinq cent mille vues.

Dans l'immédiat, comme je le dis également dans mon message sur X, « il y a urgence à protéger le patrimoine sensoriel de nos campagnes françaises. Pour cartographier nos fermes, nos pratiques agricoles et nos usages locaux. À défaut, c'est l'équilibre de nos territoires ruraux qui sera menacé ».

D'ici là, souhaitons à nos villageois qu'ils se retrouvent un jour, un 15 août, pour la traditionnelle fête des anciens. Comme ce fut le cas depuis des dizaines de générations. Dans la ferme de notre Jean-Mathieu aussi. Au rythme des chants celtiques. Jusqu'au bout de la nuit.

XIII
Maire et agriculteur, un double sacerdoce

Quand un maire d'une commune rurale disparaît, c'est comme si tous les habitants du village étaient orphelins. Qui plus est si celui-ci a été en même temps agriculteur, car il connaît chaque recoin de sa commune, son histoire, ses habitants, ses querelles de voisinage, ses chemins ruraux actuels ou anciens disparus lors du remembrement des années 60 où l'on a rasé les talus et les haies pour faire des parcelles plus grandes, parfois démesurées. Entraînant au passage des inondations, quand ce ne sont pas des brouilles entre paysans pour une source déviée ou des arbres centenaires coupés à tort. Avec le départ de ces élus engagés, c'est tout un pan de la mémoire collective qui s'en va avec eux, comme l'eau de pluie part au fossé puis à la rivière, dans un fleuve pour finir à la mer, sans faire de bruit.

André Alard, premier magistrat de Carlux en Dordogne, faisait partie de ces 17 % de maires et agriculteurs que compte l'Hexagone. Plus d'un tiers de son existence a été consacré à ses mandats. Élu local plus de cinquante ans durant ! Il s'est éteint à l'âge de 84 ans d'une crise cardiaque, chez lui, pendant la nuit du samedi 6 au dimanche 7 avril 2024.

Pour rendre hommage à ce paysan hors du commun – il a été élu conseiller municipal en 1971 avant d'être maire –, une foule nombreuse s'est massée devant l'église de Carlux. Elle est trop petite pour une cérémonie exceptionnelle réunissant plus de monde qu'elle ne pouvait en contenir. Huit cents personnes assistent aux funérailles. C'est presque deux fois plus que la population de cette bourgade située dans la vallée verdoyante de la Dordogne, à quelques encablures de Souillac. On avait rarement vu une telle affluence au village. Je me devais d'être là, moi aussi. De rendre au milieu de cette foule compacte, un hommage à cet homme dont j'ai été l'avocat : il m'avait confié plusieurs dossiers concernant son village de Carlux. Qu'il s'agisse de la gestion d'un sinistre au niveau du parking municipal récemment modifié ou de la négociation de subventions avec l'échelon intercommunal. Chaque dossier avait son importance, chaque cas que nous défendions était vital pour la vie de la commune.

André Alard a été de ces maires qui refusent obstinément de laisser mourir à petit feu son village. On lui doit notamment l'ouverture d'une nouvelle supérette, inaugurée au cœur du bourg en grande pompe par les personnalités du département. C'était quelques mois avant de disparaître. Il était si fier de ce commerce de proximité, réalisé avec l'intervention de nombreux bénévoles, et surtout après de rudes négociations menées avec les différentes collectivités locales pour parvenir à un équilibre financier. Qui aurait résisté à cet homme de taille imposante, qui aura lutté toute sa vie pour désenclaver les territoires ruraux et leur faciliter l'accès aux services publics et aux petits commerces, ces poumons des territoires oubliés. La terre, sa terre, il en connaissait tous les secrets, les moindres parcelles, la plus petite respiration. C'est qu'avant d'être le premier magistrat de la commune, André Alard était surtout un agriculteur : il était éleveur de cochons. Comme son père et son arrière-grand-père. Une activité non moins contraignante qui ne connaît pas les stricts horaires de bureau.

L'information avait vite circulé et l'annonce qui en avait été faite au cœur de la commune pourra paraître excessive aux lecteurs qui la découvriront ici : « Notre Charles de Gaulle est mort. » Mais ramenés à l'échelle du village, ces quelques mots solennels expliquent aussi ce que fut, pour ses habitants quels qu'ils soient, l'engagement d'un homme, d'un agriculteur, d'un amoureux de sa terre, comme le Général le fut de la France. Beaucoup d'anciens à Carlux connaissaient André depuis pas moins de cinquante ans. Monsieur le Maire a vu naître les enfants et les petits-enfants de sa commune. Il les a vus grandir avant que certains ne deviennent eux-mêmes parents. Lui… il avait poussé dans la ferme de ses grands-parents. Ce ne furent pas de simples obsèques : on disait adieu à un pilier de la commune qui laisserait un grand vide dans le cœur de ceux qui lui devaient beaucoup plus qu'une simple amitié.

Au moment-même où une partie de la Dordogne est en deuil, le président de la République, Emmanuel Macron, vient d'atterrir à Bergerac pour venir donner un sérieux coup de pouce à la filière de la poudre française. Les munitions fabriquées par l'entreprise Eurenco vont armer les canons Caesar fournis par la France à l'armée ukrainienne, dont une partie du territoire est envahie par la Russie. Qu'importe cette visite importante qui fut décidée et annoncée à la dernière minute, le président du Conseil départemental, Germinal Peiro, ne manquerait pour rien au monde la messe d'enterrement de son ami André Alard. Il se contente donc d'accueillir le président de la République, puis le quitte assez vite pour ne pas être en retard à la cérémonie religieuse. Ce serait un manquement à la mémoire de cet homme engagé dont il a connu et partagé les combats ruraux. Aujourd'hui, une page de l'histoire d'un petit village de Dordogne se tourne. Cela ne fera pas la une de la presse nationale, mais ici, entre champs et coteaux, l'événement est de taille ! Il avait fait sienne cette maxime proclamée par Gambetta : « Faisons chausser aux paysans les sabots de la République car, disait-il, lorsqu'ils les auront chaussés, la République sera invincible. » La citation vieille de plus d'un siècle prend tout son sens au regard des cinquante années de mandats d'André au service de la terre périgourdine. Pendant plus de cinq décennies, celui que l'on avait fini par surnommer affectueusement « Dédé », aura gardé aux pieds, lui aussi, les sabots de la République. Manière de donner l'exemple.

*

Je me souviens d'un dîner au cours de l'été 2022. André avait dressé une large table sur les bords de la Dordogne. En pleine nature. La nuit tombait doucement. C'était un rassemblement de figures du coin qui restent ancrées dans ma mémoire de petit-fils d'agriculteur. Je revois Dany, la patronne des gabares Caminades de La Roque-Gageac. Il y a aussi Jean-Pierre, son ami d'enfance, ancien forestier ; celui-là est devenu propriétaire de l'ancienne gare de Beynac-et-Cazenac qu'il habite à présent ; il a pu la racheter au début des années 80 et l'on dit par ici qu'il doit cette faveur à la discrète intervention du ministre des Transports communiste de l'époque, Charles Fiterman. Au rez-de-chaussée, tout est resté dans son jus avec notamment le bureau du chef de gare, un guichet avec composteur manuel d'époque et même l'accueil pour les troisièmes classes. Je revois aussi Gilou Pelissier, agriculteur retraité de Beynac, bien connu pour être le leader de la fronde contre le projet de déviation de la route de Beynac, porté par le département. Plusieurs politiques sont présents, dont mon ami Basile Fanier, conseiller ministériel et élu de Dordogne, bien connu pour son réseau tentaculaire, et qui incarne cette nouvelle génération d'élus de terrain. Les épouses de

Dédé et Jean-Pierre ne manquent pas à l'appel. Elles organisent le repas. Les assiettes en bois sont sorties. De jolis vins rouges inondent nos âmes. Les tomates cœur-de-bœuf ont le goût du jardin d'à côté, les épaisses tranches de jambon ne rigolent pas.

Tous connaissent ma famille d'éleveurs et marchands de bestiaux sur les hauteurs de Daglan et de Saint-Martial-de-Nabirat. On croisait immuablement mon grand-oncle, Didier, chaque samedi matin au marché de Sarlat-la-Canéda dans sa veste de maquignon, noire, avec l'irremplaçable bâton sous les aisselles, prêt à tâter, toucher et taper pour faire avancer les bovins. Il faisait le tour de toutes les fermes de la vallée du sarladais pour repérer ou acheter les bêtes à n'importe quelle heure du jour et de la soirée. Il conduisait sa vieille Citroën des années 60. Il se garait dans les cours de ferme. Il y déjeunait ou y dînait d'abord, aucune discussion n'étant possible si on n'avait pas partagé la gamelle. On négociait rudement le prix de la vache, le plus souvent entre la poire et le fromage. Jusqu'au dernier coup d'accélérateur. Avant Didier, il y avait eu Georges, mon arrière-grand-père : croix de guerre durant la Première Guerre mondiale. C'est lui le patriarche de la famille Dufour, qui l'a ancrée dans l'élevage.

Comme à chaque fois au cours de ces grands repas, on parle de l'ancien temps. Mais je dois être le plus jeune autour de cette table. Le minot. Tout autour de la table, ce sont des anciens qui se souviennent.

Mais tout avocat parisien que je sois devenu, c'est avec eux que j'apprends le plus. De véritables bibliothèques vivantes que j'aime consulter. Je les regarde avec émotion, et je pense alors à cette vieille maxime africaine : « Un vieux qui meurt, c'est une bibliothèque qui brûle ! » En les observant tous, en les écoutant raconter avec passion l'histoire si précieuse de nos terroirs, je me rends compte alors à quel point cette phrase sonne juste. Je suis avocat. Je suis fils de paysans ! Ici plus qu'ailleurs je ne peux l'oublier et j'en bénis le ciel qui m'a fait gamin de la terre.

*

L'église de Carlux déborde de monde. Je suis dans les premiers rangs. L'ancienne mairesse de Marcillac-Saint-Quentin est là elle aussi, à côté de moi. « Rien ne sera plus comme avant », me confie-t-elle discrètement avec une pointe de regret dans le ton de sa voix. Mais quelques oreilles indiscrètes l'ont entendue et nous interrompent : les aînés du village refusent de transformer leur église en une chambre aux commérages.

Et pourtant, les sujets de discorde ne manquent pas. D'abord une nouvelle génération de maires socialistes a émergé dans la foulée de la vague rose de 1981, et les territoires ruraux plus conservateurs n'y ont pas échappé. Quoique certains aient attendu au moins une décennie avant que cette nouvelle vague d'élus de couleur politique différente ne prennent les rênes de leur mairie. Des enseignants, des cadres de la fonction publique territoriale ou des retraités revenus au pays après des années d'absence. Ils sont investis par une volonté de faire bouger les choses pour certains. D'autres ont voulu faire la révolution, portés par une vision idéologique et dogmatique de la société.

En revanche, ceux qui n'étaient pas originaires du coin où ils furent élus, manquaient cruellement d'une connaissance historique des communes. Si bien que leur intégration dans le monde agricole fut plus compliquée. Ils militaient pour un certain genre de fermes de petites tailles favorisant les denrées locales. Mais oubliaient aussitôt les exploitations plus grosses, pourtant tout aussi nécessaires au développement économique. Un parti pris idéologique qui a créé, parfois, ce fameux et empoisonnant clivage dans les communes entre néo-ruraux et paysans. Pour ces élus venus d'ailleurs, ardents défenseurs d'une laïcité intégrale, entrer dans une église ne leur est pas forcément familier. Mais, ils le savent, ils le sentent, ce deuil constitue une exception… Et ils n'hésitent pas à venir grossir les rangs de la foule amassée dans le petit édifice religieux où commence la messe.

Le cercueil entre sous la nef de l'église du XVIIe siècle, escorté par les porte-drapeaux des anciens combattants, suivi par les représentants de la préfecture et du département. S'ensuit une cérémonie républicaine devant la mairie. « André incarnait cette démocratie de proximité, de terrain », déclare la sous-préfète de Nontron devant le conseil municipal au grand complet. Les élus du village sont désemparés : face à un maire qui a géré d'une main de maître la collectivité pendant aussi longtemps, comment et avec qui prendre la relève ?

Je sens confusément que j'ai un rôle à jouer. Je mesure leur désarroi. Je dois oublier un instant ma robe d'avocat. Il me faut m'impliquer ici, quelques heures encore, d'une autre manière. Je me sens comme une partie d'eux-mêmes, tous ces conseillers et agriculteurs qui viennent de perdre leur boussole et qui se demandent comment poursuivre le travail de leur maire disparu trop tôt. Alors, à l'issue de la touchante cérémonie, je propose aux adjoints de nous retrouver le lendemain dans la salle du conseil municipal. L'avocat des champs que je suis, et qui n'a aucun rôle municipal à jouer, ne veut pourtant pas les laisser dans ce vide éprouvant. Qui ne connaît pas les liens solides, forgés au fil du temps, qui unissent ces hommes et ces femmes vivant sur ces territoires isolés, ne peut comprendre le trouble ressenti par chacun d'eux en cet instant. C'est pour cela que je veux les aider à construire leur avenir.

Le vendredi 12 avril 2024 à 16 heures, les adjoints de Carlux sont réunis dans la petite salle du conseil municipal. Le premier adjoint au maire, assurant de fait l'intérim en attendant qu'une décision soit prise, s'assoit face à moi. Le silence est écrasant. L'émotion est forte. Comment ne pas sentir l'esprit d'André Alard encore bien présent dans ce bâtiment où il a fait ses premiers pas d'élus il y a cinquante-trois ans ? C'était en pleine révolution technique et scientifique agricole… Les sujets sont passés en revue, qu'il s'agisse des affaires et contentieux en cours, de la gestion des affaires courantes et de la prochaine élection partielle dont la date a déjà été convenue. La secrétaire administrative dépose la pile de dossiers sur la table.

On pensera que j'exagère, que mes mots vont trop loin, que ma passion pour nos paysans dicte mes pensées. Mais à mon sens, c'est bel et bien une page de l'histoire de France qui se tourne avec la disparition d'un homme comme Dédé. Peut-être une page anodine… Mais c'est une époque où les maires étaient ancrés dans la terre de leur vie qui s'efface, un temps où des hommes et des femmes se donnaient corps et âme à leur commune, sans idéologie, sans stratégie politique.

Des spécimens comme André se font rares. Pouvoir dédier une grande partie de leur existence à une fonction d'élu tout en assurant leur prenante activité agricole, ne court plus les champs. Première raison : ils sont tout d'abord de moins en moins nombreux à appartenir à cette noble catégorie en voie de d'extinction : on compte, en effet, près de cinq cent mille exploitants agricoles soit cinq fois moins qu'en 1955. En outre, ils ont de moins en moins de temps à consacrer en dehors de leur ferme où ils sont déjà plus qu'occupés. Les tâches administratives liées aux multiples règles, réglementations, normes, qui se sont accumulées ces dernières années, bloquent de plus en plus nos agriculteurs à leur bureau. Et les éloignent de leur travail. Alors pas question d'en rajouter en se présentant comme élus de leur commune. Ce ne serait pas raisonnable !

La fonction de maire est de plus en plus contraignante avec une multiplication des réunions et cela à la suite de l'apparition d'une nouvelle strate administrative : les communautés de communes. Là aussi, l'édile doit également répondre à des normes de plus en plus complexes. Il en connaît les conséquences. Elles engagent sa responsabilité vis-à-vis de la justice. Malgré ces obstacles, on compte encore environ six mille maires agriculteurs dans le pays, soit 17 % des trente-cinq mille premiers magistrats de France.

*

Cet engagement de maires agriculteurs n'est toutefois pas isolé, on s'en doute. Ce même été 2024, alors que j'ai momentanément établi mes quartiers d'été dans la grange de la ferme familiale, je suis appelé par Éric Waffelaert, le maire de Brunvillers-la-Motte dans l'Oise. C'est ce même élu et céréalier qui m'avait appelé en octobre 2022 lorsqu'il venait de constater le suicide par pendaison de l'un de ses adjoints, un agriculteur, un confrère… Cette fois il m'appelle à la recousse car il est confronté à une toute autre épreuve qui touche son village. Nous nous étions également vus lorsque j'avais pris la parole à l'occasion de la manifestation de soutien à Vincent Verschuere, en décembre 2023. Il avait retenu de moi, me dit-il au téléphone, « cet engagement fort en faveur de la cause rurale ». Et aujourd'hui, mes conseils d'avocat s'imposent…

Une riveraine vient d'introduire une action en référé à propos d'un trouble lié au fonctionnement d'un méthaniseur qui se situe au cœur du village. La plaignante qui vit non loin de là à quelques centaines de mètres, ne supporte plus les va-et-vient incessants des tracteurs et des camions sur la route communale. Évidemment, la route en question passe devant sa maison. Ils vont alimenter le site de production d'énergie verte en déchets agricoles. Elle reproche donc à Éric de ne pas exercer son pouvoir de police pour limiter la circulation de ces véhicules. En creusant un peu le dossier, je crois comprendre sa véritable motivation : elle a l'intention d'ériger des gîtes de luxe. Il serait bien naïf de ma part de ne pas voir immédiatement un lien de cause à effet entre sa plainte et cet ambitieux projet touristique. Je n'en ai pas la preuve formelle. Je dois avancer prudemment sur ce dossier. Mais je ne vois pas d'autre raison valable à un tel litige. Voici encore une vivante démonstration du fossé qui se creuse entre deux genres d'habitants aux intérêts diamétralement opposés. Et cela sans tenir compte de l'antériorité des activités agricoles ancrées depuis des lustres dans le village !

Il faut faire venir un huissier, aller sur le site du méthaniseur et sur la route litigieuse pour comprendre la situation. Encore une fois rien ne remplace l'expertise du terrain. Il faut chausser ses bottes, aller sur place et patauger dans la boue. Cela ne me gêne pas le moins du monde. Je partirai le lendemain dans l'Oise.

Éric vient me chercher en voiture à la gare la plus proche. Nous sommes au mois d'août. Il a autre chose à faire, et notamment s'occuper de ses champs céréaliers. Mais il doit mettre son activité de cultivateur entre parenthèses. Et visser sa casquette de maire. Sur notre trajet, l'élu est salué à plusieurs reprises par des conducteurs, des commerçants ou de simples piétons. Il connaît quasiment tous ses habitants. Aucune parcelle, aucun fossé, aucun sous-bois n'a de secret pour lui. Dans le coin, il ne reste plus, en tout et pour tout, que quatre familles d'agriculteurs. Elles sont les survivantes de la modernisation agricole qui a fini par déboucher sur de nombreux arrêts d'activité. Elles sont d'autant plus connues et respectées dans le pays, qu'elles sont, en somme, les derniers témoins de ce long passé rural.

Mais il serait injuste d'enfermer le paysan dans son petit monde, d'en faire un égoïste qui ne pense qu'à ses cultures, qu'à ses bêtes et à son territoire jalousement protégé de toute invasion. Lorsqu'en mars 2022 le gouvernement lance un appel aux élus locaux pour leur demander d'accueillir des réfugiés ukrainiens, Éric Waffelaert est l'un des premiers maires à répondre présent. Deux couples sont aujourd'hui hébergés dans la maison de l'instituteur, réhabilitée en un temps record par des habitants du village. Nos campagnes ont toujours porté en elles cette spontanéité, cette générosité et ce sens de l'hospitalité.

Éric Waffelaert et sa femme Christine me reçoivent chez eux comme un ami. Ils ont dressé une table généreuse. Le déjeuner copieux réchauffe les cœurs. Nous sommes dans un joli corps de ferme de briques rouges, typiques de l'Oise. Des photos de famille, où l'on découvre les générations successives qui ont vécu dans cette maison, tapissent les murs. Christine, bénévole au sein de l'association Réagir qui vient en aide aux agriculteurs confrontés à des difficultés familiales ou administratives, a concocté un repas composé uniquement de produits locaux qu'elle a elle-même choisis. Avocat de la cause rurale m'amène souvent, je dois le confesser, à faire bonne chère. Les paysans ne rigolent certes pas avec les produits de leur terre, quand ils tiennent à vous les faire partager. Éric me parle de son rendez-vous prévu le lendemain avec les représentants du département. Un entretien planifié de longue date pour présenter sa demande de subvention destinée à la rénovation de l'église du village. Ce qui implique de réunir un financement conséquent. Comme tous les maires de petites communes, il est à la manœuvre sur tous les fronts, active tous les leviers : de la distribution d'eau aux ordures ménagères en passant par la voirie, sans oublier l'avenir de l'école et du bureau de poste. Faire vivre à tout prix le village. En préserver l'âme et ses habitants.

Dans l'immédiat, Éric m'entraîne sur le site litigieux. Première constatation : l'habitation de la plaignante est distante de moins d'un kilomètre du méthaniseur. Deuxième observation : sur le chemin, peu de voitures : on ne peut pas dire que l'on est sur le périph ! Nous arrivons sur place. Le méthaniseur a obtenu son permis de construire après avoir franchi toutes les étapes administratives, dont l'incontournable enquête d'utilité publique. Quatre agriculteurs se sont ensuite mis à la tâche et l'ont édifié en quelques semaines. Le méthaniseur participe à la décarbonation de l'énergie désormais revendiquée par bon nombre d'habitants. Mais comme toute infrastructure qui peut être gênante pour la vue, ils les préfèrent loin de chez eux. Ce méthaniseur est pourtant utile. Il alimente le réseau de chaleur intercommunal et permet à de nombreux logements et entreprises de passer l'hiver confortablement. Dans le contexte de crise énergétique que nous connaissons, le litige, qui fait resurgir la délicate question de la cohabitation entre ruraux et néo-ruraux, apparaît ici d'autant plus saugrenu. Outre le fait que les agriculteurs nous nourrissent, désormais ils nous réchauffent. Mais cela ne fait pas encore l'unanimité.

Qu'importe, le maire doit mobiliser de l'énergie, du temps et un budget pour défendre les intérêts de la commune.

Au retour de notre périple, nous sommes allés à la rencontre de l'un des derniers bergers ambulants du département : ce jour-là, il s'est installé à proximité du village. Quatre cents brebis composent son troupeau qui ne se déplace et se nourrit qu'avec l'aide et la générosité des agriculteurs avoisinants. Au loin, sur la gauche, le clocher de l'église du village en cours de restauration domine la plaine comme un phare au milieu de la campagne depuis des siècles. À droite, sur le même plan, le XXIe siècle a fait irruption avec le dôme visible du méthaniseur. Il va donc permettre aux habitants de mieux se chauffer cet hiver avec cette nouvelle source d'énergie. L'ancien et le nouveau monde se côtoient à quelques centaines de mètres d'intervalle. Ils ont beau avoir besoin l'un de l'autre, ils ont du mal à se comprendre, à s'accepter.

Le maire, lui, aimerait juste que tous ces petits mondes coexistent paisiblement. En tant qu'avocat, je n'en pense pas moins.

*

L'échelon communal est perçu par les Français comme un « territoire d'apaisement démocratique ». Les maires ruraux, de surcroît agriculteurs, y contribuent fortement. Leur parfaite connaissance du terrain, des dernières évolutions urbaines opérées dans les villages, est un atout considérable pour nos territoires.

Quant au défi de la cohabitation dans les campagnes, les agriculteurs sont de solides courroies de transmission auprès des grands élus de plus en plus démunis face aux nouveaux habitants et aux changements de mentalités. Cette double casquette leur confère un rôle central : ils sont des rouages essentiels au cœur de nos institutions, car ils incarnent cette démocratie de proximité et de terrain que les grands pontes de la politique ont oubliée. Ou pire, ne connaissent pas !

Hier, les troubles de voisinage du monde rural portaient sur le chant du coq. Aujourd'hui ils portent davantage sur l'élevage… Et demain, ce sera sur les nouvelles sources d'énergie décarbonées : l'agrivoltaïsme, c'est-à-dire les panneaux solaires installés dans les prairies… Et, bien entendu, la méthanisation !

Seuls les maires agriculteurs qui connaissent cette réalité, car ils la vivent quotidiennement, sont à même de déminer ces conflits avant qu'ils ne surgissent. Et de calmer les esprits.

Quant à l'affaire de notre fameux méthaniseur, elle s'est d'abord plaidée au tribunal judiciaire de Beauvais. Et nous avons eu gain de cause. Mais la partie adverse n'en est pas restée là. Elle a décidé de faire immédiatement appel. La cour d'appel Amiens s'est emparée du dossier. Et a largement confirmé la décision délivrée en première instance : elle nous a donné raison sur toute la ligne ! Si bien que la plainte a été abandonnée après une si nette victoire de notre camp. Ma plaidoirie aurait pu se résumer à ce cri du cœur : « Arrêtez d'emmerder continuellement les maires qui font leur travail ! » Car il fut établi que la plaignante, plutôt que de prendre rendez-vous avec le premier magistrat du village et de s'expliquer sereinement, avait choisi d'inonder sa boîte mails de messages menaçants – la plupart tombés dans la boîte des spams – d'où l'absence continuelle de réponse du maire. Si bien que l'habitante en colère avait fini par saisir la justice devant tant de mépris. Je me vois encore passer une après-midi entière, en compagnie d'un huissier, sur la route communale incriminée, sous la chaleur estivale, vérifiant le poids des rares camions passant par-là, comptant les nids-de-poule, le tout sur plus d'un kilomètre. Une épreuve ! Je n'en tire aucune gloire, à vrai dire : pourquoi faut-il éternellement remettre en question l'apport essentiel de l'agriculture à nos vies quotidiennes – y compris dans le développement des énergies renouvelables – pour des intérêts sournois ? Là aussi nous aurions pu nous éviter les tribunaux de la République. Là eût été la vraie victoire !

XIV
Tout est bon dans le cochon

Comme chaque été, dans notre ferme familiale de Daglan, le mois d'août était marqué par un événement. Personne ne voulait le manquer. Certains restaient à distance n'aimant guère la vision du sang et encore moins le bruit. Mais c'était la tradition : tuer le cochon. Je sais que cela en choquera plus d'un. Mais nous étions des gamins de la campagne et cet acte, pour certains forcément barbare, était un amusement pour l'enfant de la campagne que j'étais. Rien que pour apercevoir leur gros groin suintant, on mettait devant leur abri une auge remplie de tomates ou de carottes prises dans le potager de la ferme. Les plus curieux d'entre nous avaient même une fois osé entrouvrir la porte de la soue et le cochon s'était échappé dans la cour. Il avait fallu dix hommes pour le récupérer.

Pour les adultes, tuer du porc était tout un cérémonial transmis de génération en génération. Même si nous étions avant tout des marchands de bestiaux, il y avait un ou deux cochons en permanence élevés dans cette soue, une petite pièce de 6 mètres carrés située dans une loge en pierre attenante à la maison. On nourrissait les cochons avec les restes des repas, de la farine d'orge et de l'eau. Une belle soupe dont ils raffolaient.

Le boucher de très forte corpulence arrivait avec son attirail, ses couteaux et sa massue, tôt le matin. Les hommes, dont mon grand-père et mon père, allaient chercher le cochon qui était à jeun depuis la veille. Bien entendu l'animal criait et se défendait en hurlant comme s'il sentait sa dernière heure sonner. Nous regardions la scène à distance, depuis la fenêtre de la cuisine, nous étions impressionnés. Le pire restait à venir : sa mise à mort. Le coup de massue tombait sur la tête de la victime, afin de l'étourdir, puis il était attaché au barreau d'une échelle à plat. Celle-ci était ensuite disposée à la verticale contre un mur, l'animal la tête en bas.

Là aussi, je sais que les images qui vont suivre en choqueront plus d'un. On parlera même de cruauté. Mais n'oublions pas que le cochon, depuis l'aube des temps, a nourri bien des générations d'adultes et d'enfants. Dans nos campagnes comme dans les villes. Partout dans le monde. Alors, oui, ces gestes n'ont pas changé : on tranchait la gorge du cochon. Le sang récupéré dans un chaudron autour duquel s'affairaient les femmes était destiné à la préparation du boudin. Cette vieille formule usée a encore de beaux jours devant elle : « Tout est bon dans le cochon ! » Des oreilles aux pieds en passant par la queue et le museau, tout est transformé et cuisiné. Les parties nobles deviennent du lard, des rillettes, du pâté, des saucisses, du saucisson, des andouilles et du jambon. Rien n'est perdu. Jamais ! Et puis tuer le cochon, c'est l'occasion de grandes tablées dans la cour de la ferme où l'on ripaille et l'on se remet du travail et des émotions pour les plus sensibles.

La dernière fois que j'ai assisté à ce rituel, c'était en août 2002. C'est le dernier souvenir qui me reste en mémoire. Mes grands-parents avaient fait appel à l'un de ces derniers bouchers de campagne maîtrisant les gestes adéquats – en réalité, il existe encore des tueries dans l'arrière-cour de la ferme. Un cochon qui aura passé plus de quinze ans en liberté et qui finira sa vie dans l'enceinte même du lieu où il aura grandi. Un gage de qualité qui est aujourd'hui impossible à garantir. Le contexte actuel est marqué par la standardisation de l'agriculture : il faut d'un côté produire en quantité, de l'autre imposer les prix les plus bas possibles. Concurrence internationale oblige. Dans mon enfance passée dans notre vieille ferme de famille, la question du bien-être animal ne se posait pratiquement pas. Les animaux vivaient une vie paisible, étaient bien nourris, bien traités et donnaient de la bonne viande. Les intrusions et les vidéos pirates à l'intérieur des grandes porcheries industrielles ont changé la donne. Certaines méthodes sont à bannir. Mais les paysans savent depuis longtemps ce qu'est le bien-être animal. Que la société soit devenue de plus en plus sensible aux conditions d'élevage au XXIe siècle ne me choque pas. Mais que l'on ne vienne pas apprendre à un éleveur de quoi il en retourne :

il est le premier à savoir que la vie d'un animal dans les meilleures conditions possibles offre la garantie de produits de qualité aux populations qu'il nourrit.

*

C'est toute cette scène et son décalage avec les temps actuels qui me reviennent à l'esprit lors de mon premier jour de travail de janvier 2024. Un éleveur de porcs des Landes me contacte : il veut me parler d'une affaire de maltraitance animale dans laquelle il se retrouve embarqué, malgré lui. La publication d'une vidéo par une association a mis le feu aux poudres. C'est grâce à la fédération départementale de la FNSEA des Landes et de la chambre d'Agriculture, institutions dont il occupe la vice-présidence, qu'il obtient mes coordonnées. Il annonce la couleur d'emblée : « Écoutez, maître : vous commencez à être connu dans le milieu agricole parce que vous défendez avec acharnement les paysans aux quatre coins de la France », m'assène-t-il dès notre premier échange téléphonique. C'était le lendemain de mon retour de Dordogne où j'avais passé les fêtes avec mes proches. Le répit aura été de courte de durée et l'année démarre en trombe sur le front du continuel mal-être agricole.

Mon interlocuteur se nomme Jérémy Lapeyre. Il a la quarantaine passée. Il est éleveur de cochons sur paille et est installé au sud de Dax. Je l'écoute me parler avec son accent du sud-ouest particulièrement rugueux et chantant. Notre conversation va tout de même durer plus d'une heure durant laquelle il me résume quarante années de sa vie, ponctuée par ses réussites professionnelles. Il me dit aussi à quel point sa famille compte pour lui…

Comme chaque fois que j'ai un éleveur au bout du fil, je dresse le même constat. De chacun d'entre eux, quelle que soit leur filière, émane cette même passion, cette force de travail, cet ancrage dans la terre de leurs ancêtres. Et tous, indifféremment, refusent de capituler face à l'adversité. Ils sont un peu comme ces chênes centenaires : profondément enracinés dans leur terre, robustes et droits, tenant vaille que vaille dans la tempête. Et leur tempête est de plus en plus souvent médiatique, c'est la nouvelle lame de fond qui peut à tout moment les renverser : exposés publiquement à la polémique, aux articles ou reportages désastreux, ils ne sont pas plus habitués à se présenter devant ce tribunal de caméras et de micros que dans les tribunaux où siègent les magistrats et leurs accusateurs coriaces.

Cet éleveur-là cumule les responsabilités. Il est connu pour être prêt à s'engager quand il s'agit de défendre la cause agricole. L'intérêt général est sa boussole. Comme beaucoup d'agriculteurs, il est sur tous les fronts : conseiller municipal de sa commune, administrateur de sa coopérative, président de la commission élevage de la chambre d'Agriculture des Landes – dont l'objet est précisément de prévenir ces actes de maltraitance animale. Un curriculum vitae solide. C'est dire à quel point la profession le respecte. Et à son âge, quatre décennies à peine, on peut imaginer que de futures responsabilités l'attendent à de plus hauts niveaux. Son parcours en fait aussi une cible idéale pour les associations animalistes qui militent pour en finir avec l'élevage. S'ils parviennent ne serait-ce qu'à ébranler ce grand gaillard, ils arriveront certainement à fragiliser la profession agricole dans son ensemble. Je n'en ai pas le moindre doute !

Son affaire commence en septembre 2023. Les conditions d'élevage de la maternité de Novoporc sont pointées du doigt publiquement par une association antispéciste : Futur Asso est un mouvement dont le mode opératoire consiste prioritairement à publier des vidéos clandestines sur YouTube. Les médias s'en emparent souvent. Ses actions font inévitablement penser à celles orchestrées par sa grande sœur, L214.

Il se trouve que cette fois, elle s'est procuré une vidéo tournée dans le bâtiment où les truies mettent bas, et l'a rendue publique sur son site et sur YouTube. Deux anciens salariés témoignent, images à l'appui, du calvaire vécu sur place par les animaux. On y voit des images difficilement soutenables : des porcelets sont littéralement « claqués » au sol et laissés pour morts ; on voit des truies tombées dans des fosses à lisier, d'autres sont même frappées à coups de bâton par un salarié.

Consciente d'avoir percé les murs où étaient dissimulées ces méthodes ignobles, l'association sait que ces images feront l'effet d'une bombe et que Novoporc devra s'expliquer. Futur Asso prévient immédiatement les médias : *Libération* entre dans la danse, France Bleu Gascogne se fait également l'écho du scandale. « Les horreurs se succèdent : une association dénonce les pratiques d'un élevage de porcs des Landes », titre la radio publique sur son site internet. En outre, l'association lance une pétition sur le site *mesopinions.com*, demandant également la fermeture de la maternité et l'arrêt de ces activités barbares. Ne le nions pas : cette couverture médiatique est plutôt réussie. Je peux même dire, en défenseur de la cause paysanne – c'est-à-dire d'un métier où la cause animale a sa place quoi qu'on en pense –, qu'elle est pleinement justifiée. Mais voici que l'acte II se met en place : Futur Asso demande à la préfète du département la fermeture administrative immédiate de cet élevage de plus de mille truies reproductrices, l'un des plus importants des Landes. C'est donc l'avenir de la filière porcine qui est en jeu, comme j'aurais l'occasion de le dire à la direction des instances syndicales. Sans maternité collective, c'est la fin des élevages dans les Landes.

La lecture de la presse régionale donne une idée assez précise de l'ampleur que va très vite prendre l'affaire avec ses débordements. « Scandale Novoporc dans les Landes : l'ex-gérant du site est président de la commission élevage à la chambre d'Agriculture », titre sur toute sa largeur le grand quotidien régional *Sud Ouest*, le 2 janvier 2024. L'année ne pouvait pas mieux commencer pour la filière de l'élevage porcin, déjà souvent malmenée à cause d'actes de maltraitance commis au sein des stabulations par des salariés isolés.

Jérémy n'a pas vu venir la déflagration qui pourrait tout emporter sur son passage. Sa fonction de président de Novoporc – branche spécialisée de la coopérative Lur Berri avec laquelle il travaille pour s'approvisionner en petits cochons et pour les engraisser avec des aliments fournis par cette même organisation – lui vaut d'être pris dans une tourmente. S'il avait pu savoir…

Les conséquences sont immédiates et imparables. En tant que dirigeant de Novoporc, il est publiquement accusé de maltraitance animale. Quand bien même la dénonciation – ce qui sera démontré – émane d'un salarié cherchant à se venger de son licenciement en livrant le nom de Jérémy Lapeyre en pâture à la presse. Un nom repris sans aucun recul sur les faits qui lui sont reprochés. Sans aucun respect du droit, avant même d'avoir été jugé, il est déjà coupable. Car c'est bien de cela qu'il s'agit : une vengeance qui détourne les médias des vrais coupables.

Quelques semaines avant ce remue-ménage médiatique, les services administratifs de l'État, en l'occurrence la Direction départementale de l'emploi, du travail, des solidarités et de la protection des populations de Mont-de-Marsan, débarquent dans sa ferme sans prévenir, en novembre 2023 : les fonctionnaires dûment mandatés viennent vérifier les conditions d'élevage des cochons de Jérémy. On ne sait jamais : ses propres méthodes pourraient bien être les mêmes qu'appliquées chez Novoporc. L'agriculteur aux multiples casquettes n'inspire que méfiance et dégoût. On le condamne avant même d'avoir vu ses cochons et les conditions dans lesquelles ils sont élevés. Un tortionnaire sans cœur !

Pendant plus de trois mois, Jérémy affronte seul, contre vents et marées, ceux qui veulent sa tête. Il n'a pas d'avocat, ni même un conseil juridique. Et pourtant l'un comme l'autre lui seraient indispensables. L'étau se referme vite. Mais appeler au secours n'est pas dans son ADN. Il saura faire face seul et fera triompher la vérité : il n'a jamais ordonné de telles méthodes. Un vrai paysan qui vit pour et par le monde animal en serait proprement incapable.

*

« Jérémy a trop tardé à prendre un avocat », me confie Bernard Malabirade, son ami de longue date, président de la chambre d'Agriculture voisine, du Gers. C'est souvent le même sentiment qui anime la profession agricole : les attaques permanentes contre leur activité les rendent responsables de tous les maux de la terre. Ils en deviennent naturellement méfiants vis-à-vis de ces auxiliaires de justice. Ils ne les considèrent, au bout du compte, que comme le prolongement de ces tribunaux qu'ils veulent éviter à tout prix ! C'est un monde qu'ils connaissent peu. De plus, c'est cher pour des paysans qui gagnent si peu, si mal ; et puis pourquoi dépenser leurs sous dans ces interminables procédures. Eux, ils le savent : ils font les choses bien…

Nous avons convenu d'une rencontre sur place quelques jours plus tard. Un déplacement essentiel pour mieux sentir la réalité de la situation et pour approcher d'un peu plus près les témoins, voire les suspects. Il m'est impossible de bien mesurer la dimension d'une affaire agricole, en restant les fesses vissées à mon confortable fauteuil d'avocat dans un des plus beaux quartiers de la capitale. Je suis comme Sherlock Holmes : je dois réunir les indices et me rendre sur les lieux du crime !

Comme souvent avec nos agriculteurs, c'est autour d'un généreux déjeuner dans leur cuisine – leur pièce de vie, comme on le disait jadis – que nous nous retrouvons. Aucune facture ne traîne sur la table de la cuisine – comme j'ai pu parfois le voir ailleurs –, signe que règne ici une bonne organisation de l'exploitation. Il m'est arrivé de franchir le seuil d'autres fermes avec cette impression désagréable que la gestion de l'exploitation était pour le moins « bordélique ».

La présidente de la chambre d'Agriculture et sa directrice nous ont rejoints pour partager la gamelle. Deux femmes à poigne dont le caractère et la détermination m'ont particulièrement touché. Leur soutien sera sans faille ! Ces deux personnalités ont compris que le syndicalisme agricole doit aujourd'hui être au plus près de ses adhérents : faire corps face aux guérillas menées par certaines associations dont l'action déborde souvent de son cadre initial et laisse sur le bord de la route des victimes expiatoires qui n'ont rien à voir avec ce qui est dénoncé.

Nous refaisons l'historique de l'affaire. Le pourquoi du comment, avec les interventions précieuses de l'épouse de l'accusé, Émeline. Je découvre une femme ravissante qui a abandonné son métier de coiffeuse, en 2018, pour se consacrer exclusivement au travail de la ferme. Durant tout notre échange, je ne cesse de prendre des notes : je dois arrêter la chronologie des événements et comprendre les équilibres politiques de l'affaire.

Leurs deux garçons sont affalés sur le canapé et semblent, en apparence du moins, hypnotisés par leur GameBoy. En réalité, rien ne leur échappe de la conversation. Ils perçoivent l'inquiétude de leur père, l'angoisse de leur mère et les paroles de leur avocat fraîchement désigné. Les deux enfants sont des victimes collatérales de ce monde agricole sous pression constante. Et aujourd'hui, au milieu des conversations animées, à l'abri sous le toit familial, ils le savent : c'est au tour de leurs parents de passer sous les fourches caudines de l'implacable justice des hommes. N'ont-ils pas été la raillerie de leurs petits camarades d'école sans pouvoir se défendre ? Comment peuvent-ils comprendre ce dont on accuse aujourd'hui leur père ? Ils l'ont toujours vu bien traiter ses cochons ! L'un des deux garçons s'est retrouvé en échec scolaire et a dû consulter un psychologue. Quel gâchis : ils sont autant l'un que l'autre passionnés par le métier de paysan. Ils n'hésitent pas à mettre leur cotte de travail verte et jaune pour accompagner leur père au champ. Un bonheur simple qui s'est pourtant mué en un cauchemar : les médias ont désigné le coupable.

Alors, lorsqu'autour de la table, on me demande les peines et sanctions encourues dans un tel dossier, je préfère me taire : je vois les mines déconfites des gamins qui écoutent. La veille, comme Jérémy me l'a relaté, ils avaient questionné, inquiets, leur mère, tandis qu'ils montaient se coucher : « Est-ce que papa va aller en prison ? »

Le déjeuner terminé, nous prenons la direction de l'élevage familial. Je découvre une exploitation arborée et très bien tenue. Des porcs évoluent en plein air, sur des parcours aménagés où ils peuvent fouger avec leur groin le sol à la recherche de glands et de vers de terre. Ils bénéficient d'un abri sur paille. Des conditions d'élevage idéales, pourtant minoritaires dans la filière. Par confort de travail et pour optimiser leur chiffre d'affaires, les éleveurs de porcs, qu'ils soient naisseurs ou engraisseurs – ou les deux à la fois –, ont rationalisé au maximum les tâches dans des bâtiments : ni l'animal, ni l'éleveur n'ont besoin de mettre un pied dehors. Tout est semi-automatisé : de l'élaboration de la « soupe » dans de grandes citernes qui arrive directement à l'auge, à la distribution d'eau, en passant par celles des minéraux et vitamines. Les excréments sont évacués sous les caillebotis dans de profondes fosses à lisier qui seront ensuite épandues dans les champs.

La ferme de Jérémy Lapeyre est tout le contraire de ce modèle agricole pourtant nécessaire pour faire du volume moins onéreux et nourrir le plus grand nombre. Sa ferme est tellement bien tenue qu'elle sert même de vitrine pour mettre en avant l'indication géographique protégée « Jambon de Bayonne, label rouge porc fermier ». Un circuit court et local qui abat cinquante mille porcs par an. On est très loin des standards productivistes qui abattent quatre millions de porcs à l'année, comme pourrait le laisser entendre Futur Asso. Ils s'adressent à des non-initiés, c'est tellement facile !

De nombreuses visites sont organisées dans cette ferme modèle. La filière porcine y a même tourné un petit film pédagogique à destination du grand public : on y explique à quel point cette production privilégie la qualité du produit. Il est diffusé sur les réseaux sociaux, les agriculteurs ayant fini par admettre qu'il fallait communiquer pour être compris de la société et combattre les fausses allégations en matière de bien-être animal. Assurément ni les animalistes, ni l'administration agricole n'ont visionné la vidéo consacrée à l'élevage de Jérémy. Ils auraient pourtant été inspirés d'y jeter un œil : cela aurait pu nuancer leur jugement à l'emporte-pièce.

Avec le temps, Jérémy a même agrandi ses équipes. Il a augmenté ses propres interventions sur sa ferme. Un salarié de 20 ans l'aide à s'occuper des trois mille porcs élevés chaque année. Sa femme et lui mènent de main de maître cette exploitation de 150 hectares, dont 100 hectares de culture de maïs destiné à la seule alimentation animale. Le reste de la surface agricole est composé de prairies et d'enclos dans lesquels les cochons piétinent. Le couple élève aussi des chapons, la volaille reine de Noël. Tout un écosystème qui participe à entretenir la biodiversité de ce territoire et son dynamisme économique. Une belle réussite et un honneur pour ce fils de paysan qui a voulu reprendre la ferme familiale. À ses débuts, l'exploitation ne comptait que 20 hectares. Il a su magnifiquement la développer au fil des ans. « Ce qui me pousse à me lever le matin, c'est le dépassement de soi. Mais chaque matin je sais aussi que je dois d'abord répondre aux besoins de ma famille et de mes enfants, m'a-t-il confié lors de ma visite. La fierté de ma vie, c'est ma femme et mes deux garçons de 12 et 10 ans ainsi que mon entreprise agricole. »

Cela n'étonnera personne : Jérémy Lapeyre vit comme un drame familial personnel et entrepreneurial ces accusations dont il est la cible, et qui font régulièrement la une de la presse. Il veut garder le sourire malgré les charges qui pèsent sur lui. Et qu'il va avoir du mal à repousser en dépit de son innocence. Jamais il n'a donné l'ordre de torturer des animaux, a fortiori ceux qui sont destinés à nourrir convenablement les populations. S'il ne réagit pas tout de suite, il sera pris au piège. Le pire pour lui serait de s'isoler et de croire que l'orage va passer, poussé par des vents favorables. La vérité est bien plus féroce : il est désormais dans la ligne de mire des antispécistes et de l'administration. Accusé, levez-vous...

Il a beau opposer, à tous ceux qui le croisent, l'apparence d'un homme solide, sûr de lui, qui résiste à de telles attaques, moi je sens bien que la carapace se fissure. Il m'annonce faire face. Mais avoue que ses nuits sont difficiles : les insomnies sont de plus en plus nombreuses. C'est un homme blessé, touché dans son intégrité. Et pourtant, comme nos agriculteurs, il garde cette réserve, cette dignité qui leur est propre.

*

Pour bien comprendre les faits qui se sont déroulés à Novoporc, juste après la visite de son élevage, nous prenons la route pour le site de Mant, situé à plus de quarante-cinq minutes en voiture de sa ferme. Jérémy n'y venait lui-même, en tant que président, qu'une à deux fois par mois. Il n'était pas, à proprement parler, le dirigeant du centre. Il n'était qu'un président de paille, l'image probe de cette maternité. Dire qu'on l'a salie, son image !

Lorsque nous nous en approchons, la maternité est transformée en camp retranché. Par crainte de nouvelles actions des associations animalistes, une société de sécurité privée a été recrutée pour s'assurer qu'aucune personne ne pénètre dans les lieux où se sont déroulés les actes de maltraitance. À l'intérieur, l'endroit apparaît vétuste. La vraie gouvernance est entre les mains du cador local, Lur Berri.

Jérémy a été nommé président de Novoporc – qui n'est en réalité, on l'a vu, que la branche porcine de la coopérative Lur Berri –, il est donc, en théorie du moins, responsable de la maternité où naissent les porcelets. Mais dans la pratique, ce sont le directeur de la coopérative et les six salariés qui gèrent l'ensemble. Jeremy sert de paravent. De caution morale.

Il ne peut exercer aucun pouvoir disciplinaire sur un employé de la maternité qui aurait commis une faute. Lorsque les faits ont été révélés par la vidéo accusatrice, plusieurs mois se sont écoulés entre le départ du salarié responsable de ce désastre et la mise en œuvre de son licenciement : durant cette trop longue période de latence, les actes de malveillance sur les cochons ont continué. Une salariée promise à une belle évolution professionnelle dans la société, a préféré démissionner sans demander son reste. Elle ne voulait pas se retrouver seule en astreinte dominicale face à des collègues la menaçant de représailles si elle parlait : elle ne supportait pas leur manière infâme de traiter les animaux.

À plusieurs reprises, Jérémy, de son côté, a signalé le mauvais entretien de la porcherie, jusque dans les toilettes. Mais la main-d'œuvre étant difficile à trouver, ses récurrentes demandes d'amélioration auprès du management sont restées vaines. Avec ses activités prenantes d'éleveur de porcs dans sa propre ferme, il n'a pas le temps, surtout en période de semis et récoltes, d'être présent quotidiennement chez Novoporc. N'empêche : il est le coupable tout désigné. Lui, le président de la maternité. Il devait savoir. Il aurait dû agir. Aucune circonstance atténuante !

Sauf que le titre de président est honorifique ; celui qui hérite de la fonction au cœur de ces structures agricoles doit être, par principe, un paysan en activité, tel que l'exigent les statuts de ces coopératives. Le directeur, lui, est un cadre salarié, un dirigeant qui prend toutes les décisions. Mais en cas de problème, tout retombe sur les épaules du président, lequel n'est même pas rémunéré. Tout juste perçoit-il un forfait de trois cents euros par mois pour le remboursement de ses frais kilométriques. Futur Asso n'a que faire de ces détails futiles qui ne comptent pas dans son action. Gouvernance, répartition des responsabilités… Quelle importance ? Le président doit répondre d'actes dont pourtant il ne savait rien… puisqu'il ne dirigeait rien !

La presse non plus ne semble pas se soucier de la réalité de la situation en interne. Dès le 8 décembre 2023, *Libération* parlait de fermeture de la maternité de Novoporc en ces termes : « Maltraitance animale : dans les Landes, un élevage "pourri" de porcs industriels menacé de fermeture », titrait le quotidien national. Près d'un mois plus tard *Sud-Ouest*, dans un article du 2 janvier 2024, précisait que « jusqu'au 29 novembre dernier, Jérémy

Lapeyre était le président de la société Novoporc ». *Actu Landes*, quant à lui, clôt son maigre article du 3 mai 2024 en relevant : « Pour rappel, le président de Novoporc avant son acquisition par Lur Berri était Jérémy Lapeyre, deuxième vice-président de la chambre d'Agriculture des Landes. »

Des précisions exactes, mais qui ne tiennent pas compte de leur contexte juridique. Des informations approximatives qui seront à la source des dérives sur les réseaux sociaux. Des commentaires haineux visent immédiatement Jérémy. Résultat détestable, puisque la cible a été unanimement désignée. Et ce qu'on lit inspire le dégoût : « Cet exploitant est une pourriture sans âme, que du business, immonde individu qui devrait être banni de tout élevage. » « C'est ce genre d'histoire qui m'a fait arrêter de manger de la viande », écrit l'un des trente-huit mille signataires d'une pétition pour la fermeture de ces centres. Les antispécistes peuvent, en tout cas, se réjouir : un consommateur de viande en moins.

*

Les procès-verbaux des services de l'État ont été transmis au Parquet. Le nom de Jérémy Lapeyre n'y apparaît pas nommément. C'est en soi une petite victoire. Mais en tant que dirigeant « de droit » et indépendamment des nombreux arguments en sa faveur, son avenir professionnel est incertain. Un avenir en pointillé…

Face à lui, L214 éthique & animaux a décidé, en appui à la démarche de Futur Asso, de porter plainte contre Novoporc, en avril 2024. Un dossier transmis au Parquet.

Je ne peux m'empêcher d'avoir l'amer sentiment d'un immense gâchis.

L'entreprise Lur Berri, en tant que société mère, devrait tôt ou tard établir que Jérémy n'était qu'un épouvantail dépourvu de pouvoirs. J'apprends que Lur Berri en personne a soudainement décidé de changer d'avocat. « Ils ont eu peur de toi, ils veulent s'armer », me dit-on çà et là. Nous verrons bien…

L'affaire Novoporc, je dois le reconnaître, ne nous aide pas. Ceux qui ont laissé faire portent une lourde responsabilité vis-à-vis d'une filière qui veut montrer l'exemple. Les associations radicales qui veulent en finir avec l'élevage d'animaux ont gagné une bataille grâce à ce scandale. Mais moi, je me bats contre cette radicalisation. Que veut-on : éliminer de la surface de la terre tous les éleveurs ? Demander que le monde entier renonce à la viande, cependant conseillée en quantité honorable par les médecins nutritionnistes ? C'est bien Futur Asso et L214 qui pourraient affronter Jérémy et solliciter des dommages et intérêts. Lur Berri, quant à lui, devrait commencer par reconnaître que le président de sa branche Novoporc n'avait aucun rôle décisionnaire. Dans le cas contraire, il a tout à craindre de ma détermination à sauver la tête d'un innocent. Je serai intraitable.

XV
Les bergers de la porte de Versailles

« Il est 19 h 00, le Salon international de l'agriculture de la porte de Versailles à Paris ferme ses portes », annonce une voix féminine dans les haut-parleurs des sept halls du parc des Expositions. La plus grande ferme éphémère du monde demande à ses derniers visiteurs de bien vouloir se diriger vers la sortie. Ici, en un seul lieu aux portes de Paris, l'ensemble des productions agricoles de la France se réunit chaque année. Un spectacle gigantesque dont ne se lassent pas des générations d'hommes et de femmes venus d'un peu partout de France et de l'étranger. Beaucoup, qui ont connu enfant les travées du célèbre salon avec ses animaux à poils et à plumes, les font aujourd'hui découvrir à leur propre progéniture avec la même magie dans le regard.

Veaux, vaches, cochons, taureaux, moutons et chèvres défilent sur les différents rings dans le cadre du concours général agricole ; un jury élira le plus bel animal de l'année, chacun dans sa catégorie. C'est aussi lors du Salon que se déroule le concours général des meilleurs produits qui font la richesse de la gastronomie et, osons le dire, la fierté tricolore.

Pendant les neuf jours que dure cet événement unique et si populaire – le Salon accueille plus de six cent mille visiteurs chaque année –, la France rurale tout entière est mise à l'honneur. C'est l'âme agricole de nos terroirs qui s'anime, non loin des bouches de métro et des embouteillages parisiens. Lieu unique, ferme géante, agriculteurs à la disposition d'un public avide de connaissances et de confidences.

La foule se presse vers les sorties. Certains visiteurs sont là depuis l'ouverture, dès 9 h du matin. Dix heures de déambulation à admirer les animaux de la ferme, discuter avec leurs éleveurs, goûter les produits des régions, déguster les vins de terroirs ou le rhum d'Outre-Mer. Quelques-uns commencent à être légitimement fatigués.

La nuit va tomber. Le Salon se vide. Seuls les agriculteurs restent sur le pont pour s'occuper de leurs bêtes, pour ranger leurs stands. Beaucoup dormiront sur place près de leur cheptel, prêts à intervenir en cas de problème… Et moi, c'est le moment que je choisis pour arriver. Je quitte mon cabinet. Je me dirige vers la porte de Versailles. J'entre dans le pavillon 1, celui où sont exposés les animaux : une bonne odeur d'étable, de foin et de paille, emplit mes narines. Ici les lumières ne s'éteignent pas, même la nuit. C'est aussi un endroit où il faut avoir montré patte blanche pour être accueilli dans ces espaces où seuls les éleveurs et leurs proches sont admis à cette heure avancée de la soirée. J'ai ce privilège. Et je ne m'en prive pas !

Ce lundi soir, je rejoins le Coram, le Collectif des races locales de massifs. Depuis la fermeture, après le Covid, du bar éphémère tenu par le plus célèbre éleveur basque, Pierre Oteiza, où se retrouvaient les habitués de la nuit, le Coram est devenu en quelque sorte *the place to be*: tous les habitants provisoires du Salon s'y retrouvent dès la fermeture des portes. On vient d'abord pour s'y restaurer, boire un verre, ou deux, tout en discutant de l'ambiance du moment et des sujets d'actualité. Mais certaines nuits, les plus fervents – et ils sont nombreux – n'hésitent pas à guincher sur une musique entraînante. Ils dorment peu. Mais ils sont si heureux de se retrouver, dans cette ambiance de fête pour oublier un peu, même quelques maigres heures, leurs problèmes, leur quotidien souvent morose.

Cependant, pour participer à l'heure de fermeture officielle, les organisateurs ont durci les conditions d'accès. Les années précédentes, les éleveurs venaient directement me chercher au portail d'entrée, là où sont habituellement garés les camions à bestiaux sous le périphérique. Dorénavant, il faut montrer son badge ou sinon le bracelet de couleur différente en fonction du jour. Sans le précieux sésame, on risque tout bonnement d'être refoulé.

Arrivé sur la mezzanine du Coram, après avoir franchi tous les points de sécurité, être passé par une porte dérobée, je croise une vieille connaissance: Olivier Maurin veille au cas où des intrus tenteraient de s'inviter, comme lorsqu'il a l'œil sur ses brebis en estive pour empêcher tout prédateur de s'infiltrer dans le troupeau. Et il connaît le boulot : c'est un berger de la vallée d'Aspe dans le Béarn. Et aucun mouton ne sort du troupeau, ni ne s'égare. Pas la peine de jouer au plus fin avec lui !

On ne s'en étonnera pas : Olivier est un ardent défenseur du pastoralisme et de la transhumance. Il est de fait opposé à la prolifération du loup, défendue par les associations environnementalistes.

Depuis sa réintroduction en 1992, par le sud-est de la France, il a été vu dans les trois quarts du territoire. Selon les chiffres officiels, il y a plus d'un millier de canidés, soit le double du seuil minimal nécessaire à la survie de l'espèce. Pour se nourrir ils dévorent, bon an mal an, près de douze mille brebis chaque année. Quant à l'ours, réintroduit dans les Pyrénées en 1996, il cause presque un millier de victimes chaque année parmi les ovins. La cohabitation entre éleveurs, bergers et prédateurs, s'avère de plus en plus délicate… et elle devient source de conflits inévitables. Un pareil carnage met l'avenir du métier en danger. Le moral de certains éleveurs, qui ont découvert leurs animaux égorgés par le loup, est au plus bas. De leur point de vue, ils ne comprennent pas pourquoi l'État dépense des dizaines de millions d'euros à les indemniser des pertes subies dans leur troupeau, alors qu'eux pourraient effaroucher les prédateurs avec leurs carabines pour qu'ils s'éloignent de leurs brebis. Et cela coûterait moins cher. Ils n'ont aucunement, en tous les cas, l'intention de faire à leur tour un carnage d'espèces protégées. Ils veulent avoir la possibilité et l'autorisation de se servir de leur arme pour faire peur aux prédateurs.

Olivier fait donc tout naturellement partie de ceux qui s'élèvent avec force contre cette politique aveugle de repeuplement tous azimuts du loup, ou encore des ours dans nos campagnes. Les écologistes militants défendent la vie des animaux sauvages, ce qui n'est pas condamnable. Mais pourraient-ils alors aussi se soucier du danger qui guette les humains et leur cheptel ? Peuvent-ils élargir un instant leur vision simpliste et utopique des équilibres naturels ? Notre Béarnais ne demande pas grand-chose : il aimerait que lui et les siens soient un peu écoutés avant que les pâturages ne deviennent des scènes de crimes sanglants.

Olivier est un agriculteur hors cadre familial : il n'est pas issu du monde paysan. Il a dû faire ses preuves pour être adopté, lui le fils d'ouvriers modestes de la région paloise : ses parents travaillaient en ville, à l'usine. Hélas, là aussi les fossés sont profonds : l'union des paysans et des ouvriers n'est pas pour demain. Les uns craignent les autres. Les travailleurs de la terre aiment la liberté d'entreprendre et ses risques. Ceux des usines chérissent une certaine forme de sécurité, en dépit d'un travail qui n'est pas moins harassant. Deux univers de forçats. Et pourtant, deux cultures opposées. Mais qu'importe à Olivier : il a toujours voulu être paysan. Son rêve était de vivre et de travailler au grand air, s'occuper de ses animaux. Oui, être son propre patron et n'avoir comme bureau que les saisons et les horizons. Les agriculteurs de sa région l'ont d'abord regardé avec méfiance, puis ont reconnu sa ténacité et sa passion. Ils l'ont tous accepté parmi eux. Olivier a de quoi en être fier.

Ils en ont vu de ces originaux comme lui, nourris d'utopies, décidés à s'installer au cœur de la nature, comme si c'était une simple évidence. Mais après s'être confrontés aux dures réalités du métier, beaucoup ont abandonné. Olivier a tenu bon. Il a eu l'intelligence d'écouter les anciens, d'appliquer leurs précieux conseils. « René, ce vieux berger passionné, m'a transmis son savoir-faire en matière d'élevage et de fabrication méticuleuse des “Ossau”. Il m'a surtout expliqué en détail tous les aspects de la vie en estive, pendant ces longs mois d'été de transhumance, autour des lacs d'Ayous. » Quand on écoute Olivier parler de sa vie, de ses rencontres, de ses bêtes, on devine dans son regard plein de lumière qu'il ne quitte jamais vraiment ses montagnes, même ici à Paris.

Des convives divers et variés montent sur le toit de son stand. Des présidents de filières, d'interprofessions, des ministres en exercice, leurs collaborateurs ou leurs proches, se pressent ici. Une concentration d'acteurs importants de la vie publique, que j'observe du coin de l'œil en songeant que, d'une simple signature sur leur parapheur, ils pourraient mettre un terme, en quelques instants, à la crise agricole qui sévit depuis des années. Mais ce n'est pas mon utopie qui fera avancer les choses !

Il n'y a pas de meilleur endroit que le Coram pour que les uns et les autres se rencontrent, acceptent un dialogue apaisé en espérant faire avancer les dossiers en souffrance. On actualise ses contacts – lesquels ne cessent de changer aux rythmes des remaniements gouvernementaux. Rumeurs et potins circulent. Mais quoi qu'il en soit, tout ce petit monde a l'air de se sentir bien. Les lieux de concorde sont assez rares pour les signaler. Le Coram, au Salon de l'agriculture, la nuit, en est un qui compte.

Voici Jean-Luc Poulain, céréalier de l'Oise, président du Salon pendant seize ans. Il est connu pour son calme légendaire, son sens de la négociation et la maîtrise des situations les plus tendues lors des inaugurations présidentielles. C'est la tradition : les présidents de la Ve République, à l'exception notable de François Mitterrand qui n'y a jamais mis les pieds, coupent le ruban tricolore le premier jour de la manifestation. Mais Jean-Luc n'avait jamais vu les CRS envahir le hall 1. Jamais jusqu'à ce jour !

Car le vaste hall 1 est devenu le symbole de la résistance paysanne ! Animaux et éleveurs dorment ensemble : les uns dans leurs stalles, les autres derrière des murs de planches qui forment de fragiles dortoirs. Ce samedi 24 février 2024, la France paysanne est en colère. C'est une incroyable jacquerie qui a été organisée dans tout le pays. Le mouvement a été d'une telle ampleur, le risque de débordements au moment de la venue du président de la République étant avéré, un millier de policiers casqués armés de matraques et de gaz lacrymogène, font irruption dans le hall de la lutte. Il s'agit de préserver l'ordre précaire qui règne au cœur du Salon et permettre au président Macron de couper le ruban inaugural en toute quiétude. Le président aura plus de quatre heures de retard, ce qui donne le temps d'échauffer les esprits. Enfin Emmanuel Macron fait son entrée dans le saint des saints sous très haute escorte policière. La colère est à son comble. Les cris fusent. Mais sous son épaisse protection policière, le président garde son sourire. Le calme revient instantanément dans les allées une fois le président exfiltré. « C'est bien la première fois que je vois au Salon une vague humaine de paysans, toutes tendances confondues, empêcher le cortège officiel de déambuler dans les allées », me confie Joël Sillac, éleveur de vaches bazadaises dans les Landes. En 2016, sa vache Cerise, avait eu l'honneur d'être désignée « égérie » du Salon. Pareille distinction autorise quelques privilèges : la star à cornes est logée dans un grand enclos spécial devant lequel passent les autorités. On vient se faire photographier avec la demoiselle. En 2024, Oreillette, une belle laitière normande connut un Salon un peu plus mouvementé : elle était aux premières loges, son enclos étant situé devant les échauffourées entre politiques et éleveurs. De quoi faire tourner son lait.

Olivier Maurin regarde et écoute. Chaque fois que je croise son regard, je sens qu'il a envie de partager sa situation, sa détresse. Mais qui l'écoutera ? Encore un berger qui crie « Au loup ! ».

*

À plusieurs centaines de kilomètres de là, à cinq minutes d'Oloron-Sainte-Marie, se trouve sa ferme. Il s'est spécialisé dans l'élevage de brebis et de porcs gascons sur les hauteurs du Béarn. Installée dans un village de trois cents habitants, à Asasp-Arros, son exploitation se dresse comme un lieu de résistance face aux prédateurs du monde animal et humain. L'homme se méfie autant des animaux sauvages que des hommes eux-mêmes. Il n'en est pas moins un homme sauvage, presque solitaire. Ceux qui le connaissent savent qu'il a le sang chaud.

C'est là-haut, ici, chez lui, que la résistance s'organise.

Lorsque les autorités nationales ont réintroduit l'ours à la fin des années 90, Olivier n'a pas hésité une seconde : il a mobilisé les réseaux de centaines de chasseurs et d'agriculteurs pour faire obstacle à l'arrivée de la bête tant redoutée. Il aura fallu l'intervention d'un hélicoptère pour hélitreuiller carrément l'ours slovène et contourner ainsi les barrages installés sur tous les départements.

À cette époque, à l'exception d'une jeune stagiaire de la préfecture – aujourd'hui conjointe d'un ex-candidat à la présidentielle –, qui courageusement avait tenté une médiation, personne n'avait véritablement aidé nos éleveurs dans les négociations.

C'était en 2018. Un collectif de six associations d'agriculteurs, d'éleveurs, de défenseurs du pastoralisme, avait manifesté sa colère devant la préfecture de Pau.

Il s'opposait à la volonté du ministre de la Transition écologique de l'époque, Nicolas Hulot, de réintroduire deux oursonnes dans le Béarn et plus précisément dans la vallée d'Aspe. Malgré sa démission du gouvernement à la fin du mois d'août de la même année, cette mesure a été mise en œuvre, au grand dam des éleveurs.

« L'ours a ruiné l'agriculture en Ariège, m'explique Olivier Maurin. Nous ne voulons pas subir le même sort dans les Pyrénées-Atlantiques, alors que nous avons réalisé de nombreux efforts en faveur de la biodiversité. Un grand nombre de jeunes paysans s'installent dans la vallée. Ce serait dommage de les décourager et de les faire partir. Nous lutterons jusqu'au bout, comme nous l'avons déjà fait à quatre reprises entre 2001 et 2016, contre le retour de l'ours sur nos terres. » Depuis Olivier est toujours sur le front, mais à quel prix ? Qu'importe que des milliers d'animaux, brebis, chiens, ânes, chevaux sauvages se fassent éventrer par l'ours. Étrangement, le bien-être animal ne pèse plus dans la balance. Qu'importe que des randonneurs aient été chargés ou agressés par le plantigrade : il s'agit d'une espèce protégée dont le statut se situe au même rang, voire est supérieur à celui de l'homme : certaines associations ne reculent devant aucun argument, même les plus saugrenus. Qu'importe si des paysans, dont le métier est d'élever des animaux d'estive et d'entretenir les paysages, renoncent à leur territoire, à leur vocation, à leur conviction de vivre en osmose avec la nature. On ne fait pas plus écologiste que nos bergers !

Cette politique environnementale visant à réintroduire une espèce quasi disparue dans les années 70 en France, part sans doute d'un bon sentiment. Mais là aussi, aucune concertation avec ceux qui savent… Ces décisions ont bouleversé l'équilibre naturel d'un territoire. Un joggeur nantais a été pourchassé par une ourse en Ariège en 2018, il n'a dû son salut qu'à ses qualités sportives de sprinteur. Les bergers, eux-mêmes, ne peuvent même pas « effaroucher », c'est-à-dire tirer des balles en plastique, sauf par dérogation préfectorale. Et encore, ce moyen non létal aussi est contesté en justice par les défenseurs du plantigrade, même lorsqu'il est temporairement autorisé.

Dans ce contexte, les éleveurs ne comprennent pas pourquoi l'État s'obstine et ne prend pas plus souvent leur défense et celle de leur métier. Certes, ils reçoivent des indemnités financières pour compenser les brebis tuées par le prédateur et bénéficient d'aides pour mettre en place des clôtures de protection et embaucher des bergers en renfort. Mais cela est insuffisant. Rien, dans ce contexte, ne leur garantit la pérennité de leur métier. Ceux qui ont vécu la traumatisante expérience de tomber nez à nez avec l'ours, préfèrent raccrocher et ne demandent pas leur reste. D'autres ne veulent plus remonter dans les alpages. Enfin, les plus téméraires restent sur le pont, mais abandonnent certaines estives, notamment en Ariège, n'en pouvant plus de voir leurs brebis se jeter par centaine dans le vide à cause des attaques d'ours affamés.

Les associations environnementalistes se soucient peu des conséquences de leurs décisions qui pourraient aboutir, à terme, à la fin de la transhumance et des estives ! Olivier Maurin, après avoir contribué à faire reconnaître le pastoralisme comme un patrimoine immatériel à l'Unesco, veut désormais qu'il soit défini par le gouvernement comme « d'intérêt général majeur en agriculture ».

*

Les soirées du Coram réservent parfois des surprises. Comme cet accord improbable signé entre Arnaud Rousseau, président de la FNSEA, et Philippe Meynier, ancien secrétaire national de la Confédération paysanne au début de la décennie précédente. Deux syndicalistes historiques, mais que tout oppose dans le choix des combats, des valeurs, des idées, des méthodes. Mais ils ont su faire fi de leur ancestrale divergence idéologique pour se rapprocher. Enfin. Il était temps : les paysans se sentent abandonnés et il faut faire front. Sans doute les actions radicales de la Conf' paysanne pendant les différentes manifestations antibassines dans l'ouest de la France, auront contribué à faire changer de camp Philippe Meynier. Des paysans qui saccagent l'outil de travail d'autres paysans, ça ne passe pas. Le berger corse vient d'adhérer officiellement à la FNSEA pour le plus grand bonheur d'Arnaud Rousseau et de Christiane Lambert.

Jérôme Bayle, le paysan de Haute-Garonne qui a enclenché le mouvement de colère des agriculteurs, le jeudi 18 janvier 2024, en bloquant l'A64 avec des tracteurs, est très entouré. Ce grand gaillard grandiloquent est incontestablement l'une des vedettes de cette soixantième édition. Ses groupies ne le lâchent pas d'une semelle. N'est-ce pas lui qui a reçu Gabriel Attal dans sa ferme il y a quelques semaines de là, fin janvier, pour essayer de trouver des compromis et faire reculer la révolte qui s'est propagée dans la France entière? N'est-ce pas lui qui a négocié avec le plus jeune premier ministre du moment pour tenter de mettre fin à cette nouvelle crise agricole? Les cameras se sont braquées sur son visage des semaines durant. Il n'est plus incognito au cœur du Salon. Ni partout ailleurs.

Un orchestre de musiques traditionnelles corses, basques et béarnaises anime les soirées. Sur une piste de danse improvisée se retrouvent les participants du Salon: beaucoup de jeunes éleveurs, mais aussi des étudiants de lycées agricoles venus aider pour s'occuper des animaux et ainsi apprendre leur futur métier. C'est l'ambiance riante des grandes fêtes populaires de nos villages. L'ambiance y est bon enfant. On est loin des colères paysannes.

Cependant le bras de fer est loin d'être terminé: cinq associations environnementalistes attaquent devant la justice le plan national d'action (PNA) loups 2024-2029. Pour atténuer la colère des agriculteurs de 2024, le gouvernement de Gabriel Attal a, en effet, assoupli les conditions de tirs officiels de loups. Une nouvelle guérilla judiciaire se profile. Le communiqué de presse de ces associations déterminées ne fait pas dans la dentelle : elles estiment que la population des loups aurait nettement baissé. Il faut donc que l'État diminue sur-le-champ les tirs de régulation visant leur population. Ton comminatoire. La justice est à nouveau saisie. Comment aurait-il pu en être autrement ? Les syndicats et tous les représentants de l'interprofession ont aujourd'hui parfaitement compris cette nécessité de venir porter leur combat dans les prétoires. Ils me font en tout cas l'honneur d'être à nouveau désigné comme leur représentant devant le Conseil d'État, la plus haute juridiction administrative.

Une bonne nouvelle ne tarde pas à rassurer nos éleveurs. Mercredi 25 septembre 2024, les représentants des membres de l'Union européenne votaient pour l'abaissement du niveau de protection du loup. Une décision que déplore haut et fort la fondation 30 Millions d'Amis et l'ensemble des associations de protection animale.

Le ministre de l'Agriculture visitera le Salon, le lendemain de notre soirée. Olivier Maurin me suggère de venir à sa rencontre et de l'interpeller. Ce serait l'occasion de faire reconnaître le pastoralisme comme étant « d'intérêt général majeur ». Il a raison. Il faut tout tenter ! Car il est vrai que le projet de loi d'orientation agricole qui circule depuis peu, prévoit cette disposition officielle. Ce serait pour l'agriculture et la pêche une victoire déterminante, une reconnaissance du même niveau que la notion d'environnement. Mais quid du pastoralisme qui semble avoir été oublié dans la liste du ministère ? Le pastoralisme joue un rôle écologique et économique notable. Il faut que cette tradition ancestrale soit inscrite dans la loi d'orientation agricole. Cette filière regroupe soixante mille exploitations, représente 18 % de l'élevage en France, et s'étend sur une surface d'exploitation de 5,4 millions d'hectares, dont 2,2 millions constitués d'estives, d'alpages et de parcours de montagne.

Quelques jours plus tôt, j'ai donc soutenu cette démarche avec un argumentaire juridique devant amener nos autorités à prendre en considération le rôle du pastoralisme.

Quoi de mieux que de convier le ministre de l'Agriculture de l'époque à passer par le bar du Coram. C'est ce que fait Marc Fesneau, une soirée de février 2024 avec son directeur de cabinet, Sylvain Maestracci. S'ils le veulent, s'ils le décident, ils ont le pouvoir de mettre un terme au cauchemar de dizaine de milliers de bergers négligés ! Les promesses, notre Olivier Maurin en a vu passer. Alors chaque Salon, chaque soirée, c'est un espoir pour faire passer les messages d'une filière sous grande tension.

Ce dernier vendredi du Salon, la pression retombe enfin. Le ministre et son directeur de cabinet viennent dîner avec les représentants du Coram. Cette nuit-là, nous discutons sereinement. Je découvre deux hommes à l'écoute, curieux, capables de corriger leur copie face à nos légitimes arguments. Que serait la nature sans l'apport du pastoralisme ? Ils valident la nécessité de travailler sur « l'intérêt général majeur » de cette tradition. Ils souhaitent l'inscrire dans la nouvelle loi d'orientation agricole. Une notion, certes symbolique, reconnue pour l'agriculture dans son ensemble, mais qui nécessite d'être élargie dans le Béarn, comme ailleurs, où survit le pastoralisme. Permettre aux hommes et aux femmes de l'agriculture d'être mieux défendus – et notamment de mieux se défendre face aux animaux sauvages qui détruisent cultures et cheptels – est une avancée non négligeable. Mais les morsures les plus cruelles ne sont pas toujours infligées par ces bêtes dont l'instinct de chasse est naturel. Celles provoquées par les idéologues de tous poils aux canines radicales, font bien plus mal et laissent des plaies béantes dans la chair de la profession agricole.

XVI
La complainte du canari

Il est bientôt 18 heures ce dimanche de novembre 2022, et le marché aux fleurs en bas de la rue Saint-Jacques, à l'ombre des tours de Notre-Dame meurtrie, ne va pas tarder à fermer. Les vendeurs débarrassent progressivement leur stand. Ils emportent avec eux les cages de volatiles dont ils prennent grand soin. Ils les ont abritées sous une couverture pour ne pas affoler volailles et oiseaux, puis les embarquent dans leur camionnette, reviennent chez eux, mettent à l'abri leurs bêtes à plumes, avant de préparer le prochain marché du dimanche suivant, aux aurores.

Une nouvelle bataille est sur le point de commencer, ici, en plein cœur de Paris ! J'ai convenu avec ces commerçants que nous nous retrouverions devant l'échoppe de Cécilia Badalamenti à la fermeture du marché. En attendant, je les ai observés depuis maintenant plus de deux heures dans un froid de canard – ou plutôt de canari, puisque cet oiseau est aussi très prisé des promeneurs de passage. J'ai vu des centaines de personnes de tout âge défiler dans ces allées. Des passionnés, des curieux, des touristes et des badauds de tout genre.

C'est donc le branle-bas de combat ! Une association nommée PAZ (Projet animaux zoopolis) a pris les armes, assiégeant la mairie de Paris pour qu'on lui donne gain de cause. Laquelle mairie n'a pas hésité une seule seconde devant les revendications de ce groupuscule environnemental : interdiction à l'avenir de vendre le moindre petit volatile sur ce marché et dans les murs de la capitale. Commerçants traditionnels, remballez : vous êtes bannis, vous êtes indésirables ! Le discours est simple et peut s'entendre : le bien-être animal avant tout. Personne ne le niera. Cependant, en dépit du nombre important d'oiseaux en cage dans les étroites travées du célèbre marché – surpopulation animale que dénoncent précisément les associations, vent debout contre ce commerce traditionnel –, chaque propriétaire est naturellement aux petits soins pour ses propres petites bêtes à plumes. Qu'importe : PAZ estime surtout qu'aucun volatile de la création ne doit rester en cage.

Cécilia, devenue malgré elle porte-parole de ces commerçants peu ordinaires et passionnés – elle n'a rien demandé, ils l'ont tous désignée car elle est l'une des plus populaires du marché –, a vendu ce matin un moineau du japon, douze euros. C'est son oiseau le moins cher. En revanche, elle a trouvé preneur pour deux perroquets, à plus de mille euros pièce : ils vont agrémenter l'appartement parisien d'un négociant en immobilier qui les a adoptés comme animaux de compagnie. Celui-ci avait déjà acheté une très grande cage qu'il a disposée dans son salon. Il pourra leur ouvrir de temps en temps la porte comme le chante Pierre Perret, « ouvrez, ouvrez la cage aux oiseaux » ; bon, là, ce sera une cage ouverte temporairement. Bien entendu, on a parfaitement le droit de critiquer de telles passions, de préférer un bon chien à un joli perroquet. Des goûts et des couleurs, il n'est pas ici question. D'autant que ceux qui achètent un animal ont généralement à cœur de bien s'en occuper et de lui offrir, sinon une liberté totale (un chien non plus n'est pas tout le temps dehors, en ville), à tout le moins un véritable confort de vie.

Les ventes de Cécilia ont été correctes ce matin-là. Le canari, ce petit oiseau jaune que l'on voit encore dans certaines et antiques loges de gardiennes parisiennes, affiché à vingt euros pièce, n'a pas eu de succès aujourd'hui. Les goûts changent. Les perruches bleues, vertes ou blanches sont moins chères et sont également appréciées. Cécilia Badalamenti et son mari ont plein d'histoires d'oiseaux à me raconter, ils en font le commerce depuis quarante ans.

Je les vois remballer tout avec soin, avant de retourner chez eux dans l'Oise et revenir ici dans une semaine. Ce sont des vendeurs habitués du marché aux fleurs et aux oiseaux, installé sur la place Louis-Lépine dans le 4ᵉ arrondissement de Paris.

Ce marché, aujourd'hui au cœur de la polémique, présente cependant une valeur historique considérable. Créé en 1808 sur un terrain vague par décret de l'empereur Napoléon Iᵉʳ, il est d'abord autorisé pour la vente de fleurs puis, en 1860, pour celle des oiseaux. Remodelé plusieurs fois, il prend sa forme définitive quelques années plus tard, en 1873. Il est alors doté de sept rangées de pavillons métalliques dépourvus de parois, avec pour décor des motifs inspirés de l'Antiquité, très prisés à l'époque. Toutefois, il ne prend la mention de « marché aux oiseaux » qu'en 1881, précisément l'année où les oiseleurs de l'ancienne halle Saint-Martin décident de rejoindre les fleuristes de la Cité.

Il accueille donc depuis plus de cent quarante ans, tous les dimanches, plusieurs dizaines de variétés d'oiseaux, des plus rares au plus commun, mais aussi des rongeurs et des poissons. On y trouve des accessoires – cages ou abreuvoirs – et, bien entendu, une large palette de nourritures pour animaux. Il a acquis au fil des années une réputation internationale. On vient le voir de loin. Les hauts dignitaires du monde entier ne s'en privent pas. La reine Elizabeth II, elle-même, a tenu à l'inscrire dans son programme parisien, au cours de sa dernière visite officielle en France, en juin 2014, à l'occasion du 70e anniversaire du débarquement. On l'a vue prendre tout son temps pour en parcourir les allées, en saluer ses vendeurs, en compagnie de son mari, le prince Philip. L'office de Tourisme de Paris ne manque d'ailleurs pas de faire référence à ce marché dans les dépliants ou dans sa communication sur Internet. C'est dire que le lieu est emblématique de la capitale, car il est tout bonnement inscrit dans son histoire culturelle.

*

Mais tout ce petit coin de paradis, niché au cœur du vieux Paris et où l'on entend chanter les oiseaux du monde entier, où l'on se presse pour venir les regarder et les écouter le dimanche en famille, pourrait bientôt disparaître. La décision de la mairie de Paris est tombée : fermeture d'ici le 31 décembre 2022. La loi est votée unilatéralement lors d'un conseil de la ville, au début du mois de décembre, sans qu'aucune concertation avec les commerçants n'ait été proposée. Pourtant, le métier d'éleveur d'oiseaux repose sur des règles strictes et établies, que Cécilia, au détour d'une conversation pour éclairer un peu plus ma lanterne, me rappelle. « Tous nos animaux sont nés en captivité et n'ont connu que cela. Les relâcher les condamnerait à une mort certaine. » Le savent-ils, nos élus parisiens si prompts à réagir à la moindre alerte, au moindre risque de polémique ?

J'ai appris cette nouvelle la veille : je me trouvais à Bordeaux où j'assistais à l'assemblée générale du Mouvement pour la ruralité. J'y avais été convié à faire une intervention sur les contentieux en milieu agricole devant les membres de ce parti qui a succédé à Chasse pêche nature et traditions.

En remontant le lendemain à Paris, je me suis rendu directement sur le marché aux oiseaux. J'avais proposé mes services à nos principaux commerçants, quelques heures plus tôt, au téléphone. Là aussi, je me suis senti immédiatement interpellé et concerné par cette situation où l'on interdisait une activité traditionnelle pour de mauvaises raisons. On m'avait immédiatement proposé de se retrouver sur place. J'avais senti comme un soulagement à l'autre bout du fil… Un avocat venait à leur rescousse ! Les jours de ce marché historique sont donc comptés. Il ne s'agit pas cette fois-ci de défendre des éleveurs de vaches, des pisciculteurs ou des céréaliers, mais des éleveurs et marchands d'oiseaux. Je ne dois pas aller dans les champs, mais sur les bords de Seine. Autre décor, mais mêmes combats.

Me voilà seul avec les commerçants dans la pénombre du stand de Cécilia. Chacun s'exprime et me fait part d'un sentiment d'abandon. Le même que pour tous ces agriculteurs poussés vers les tribunaux, avec ce sentiment d'écrasement quasi instantané.

Ce n'est, en tout cas, pas par pigeon voyageur que la ville de Paris informe nos vendeurs de leur infortune, mais par des lettres recommandées. Des missives officielles dont l'objet et les arguments lapidaires exposés me laissent dubitatif : « Marché aux oiseaux Cité – Fermeture du marché. En raison de l'inadéquation de ce site avec le respect des articles du Code civil et du Code rural sur le bien-être animal, et notamment dans le cadre des activités commerciales, et de la présence de trafic d'oiseaux. » Il est tout de même précisé qu'« une proposition d'accompagnement à une reconversion a également été formulée à l'ensemble des commerçants ». Tout cela reste bien flou. Qui propose quoi ? Mais on ne va pas s'embarrasser de détails. Fermez vos petits becs... Circulez, il n'y a plus rien à voir !

Quelques lignes succinctes suffisent donc à la mairie de Paris pour mettre un terme à l'une des plus anciennes foires de la capitale. On pourra là aussi discuter du bien-fondé ou non de cette décision immédiate. Certains ont naturellement applaudi cette disposition pour le bien-être animal. Mais la vraie question est : pourquoi n'y a-t-il pas eu au préalable concertation, explication, discussion ? La mairie a voté unilatéralement pour la fermeture pure et simple du fameux marché, sans dialogue avec les principaux concernés. Que fait-on du débat dans un monde qui en manque de plus en plus cruellement ?

La façon de procéder est brutale : en juillet 2022, la ville de Paris adresse aux vendeurs d'oiseaux un premier courrier, dans lequel elle dit constater les désagréments causés par le marché. Mais on n'offre à aucun moment aux destinataires la possibilité de présenter leurs observations. Dans ce même courrier, dont je prends à mon tour connaissance, la direction des services de la voirie indique que « la ville de Paris sera amenée à revenir vers vous très prochainement ». « La ville de Paris n'est jamais revenue vers nous », me confient les commerçants en colère et dépités.

En vérité, et après vérification, les fonctionnaires de la ville n'ont jamais pris la peine de se déplacer et de vérifier leurs allégations. « Nous sommes des bouseux pour eux », me dit l'un des vendeurs ironique et désolé. Des petits vendeurs de volatiles à la sauvette.

Chacun ici a toujours en mémoire l'attitude des fonctionnaires qui escortaient la reine d'Angleterre : aucun représentant de la mairie ne prend la peine de venir leur serrer la main. On les ignore. On les évite. Ce n'est pas grand-chose, une poignée de main. Un acte civique. Mais cela les trouble. Sa Majesté, elle, n'hésite pas. Elle offre sa royale main à ces humbles vendeurs. C'est en tout cas la seule et unique fois où les fonctionnaires de la ville se sont officiellement déplacés sur le marché honni.

Nos éleveurs et marchands d'oiseaux vivent loin de la capitale, ce qui est plus pratique : dans leur modeste pavillon, ils possèdent de grandes volières. Mauvais point pour eux : ils ne rapportent donc pas de voix à la maire puisqu'ils ne résident pas dans Paris intra-muros. Admettons. Mais au moins, ces passionnés, comme le sont nos agriculteurs, ne méritent-ils pas un minimum de considération de la part des pouvoirs publics ? Éternelle et même question…

Devant l'assemblée improvisée chez Cécilia – la plupart ignorent naturellement les finesses du droit –, je leur affirme qu'ils peuvent et doivent se battre. Et surtout ne pas subir la situation. La manière d'agir de notre reine républicaine Anne Hidalgo n'est pas très humaine, ni élégante, du reste. Si elle tient tant à régner encore longtemps sur son peuple parisien, qu'elle prenne exemple sur la regrettée Élisabeth II.

Ce jour-là, la résistance de ces petits éleveurs s'organise. Ils sont bien décidés à défendre leur outil de travail, mais aussi ses traditions centenaires. Il faut agir dans les plus brefs délais : la fermeture définitive du marché est prévue dans cinq petits dimanches, autant dire demain. Un référé s'impose devant le tribunal administratif de Paris pour, sinon empêcher, tout au moins retarder la fermeture prévue. Chacun s'exprime avec force. Le désespoir fait place à la combativité. La révolte gronde. Ils ne se laisseront pas faire.

Nous nous quittons à minuit, après plusieurs heures d'échanges passionnés. Je les abandonne momentanément alors que les discussions se poursuivent. Il est convenu qu'on se retrouvera dimanche prochain. Et là, nous mettrons en place la stratégie avant l'attaque !

Quand je parcours la place Louis-Lépine, elle semble vide. Mais au troisième étage du bâtiment qui donne sur le marché, plusieurs étages sont entièrement éclairés : ce sont les bureaux de la préfecture de police de Paris. De l'autre côté du boulevard du Palais, là encore quelques lumières apparaissent aux étages d'un bâtiment emblématique : derrière le magnifique portail doré haut d'une dizaine de mètres se dresse l'ombre du Palais de Justice de Paris, devant lequel des camions de CRS stationnent. La justice, ma seule raison de vivre ! Et plus encore, pour les petits, les sans-grade de la terre !

La ville de Paris a mis en avant un autre argument dont je mesure toute la dimension grotesque. Des vendeurs à la sauvette se multiplieraient et s'infiltreraient régulièrement sur le marché. Pendant toutes ces années, sans être le moins du monde inquiétés, ils auraient ouvertement trafiqué leur marchandise au noir au nez et à la barbe du préfet de police de Paris dont le bureau donne sur le marché. Tout comme les fenêtres du tribunal de commerce de Paris et du Palais de Justice qui sont à deux pas. Nous sommes au cœur du pouvoir judiciaire en France… Et des trafiquants viennent le narguer ? Mais surtout une question se pose : comment ne pas imaginer que les commerçants officiels, qui se connaissent tous, ne réagissent pas ? Alors que c'est leur gagne-pain qui est en jeu. Tout comme ils risquent la perte de leur autorisation réglementaire de commercer dans ce lieu traditionnel ! La moindre entorse aux lois en vigueur pourrait tous les faire plonger. Laisseraient-ils impunément des voyous s'emparer d'une partie de leur travail ?

L'argument ne tient pas. Si l'on prend en compte tous les aspects du problème – ce que la mairie de Paris semble avoir été incapable d'apprécier –, ce marché devrait plus que jamais être maintenu. Et cela précisément au nom de la lutte contre les trafics qui affectent au niveau mondial les animaux domestiques, et non domestiques. Une activité organisée et réglementée permet de décourager ces trafics et de cadrer le commerce. Osons évoquer cette sombre perspective : n'est-ce pas sa suppression qui va inévitablement encourager les vendeurs à la sauvette au mépris de la réglementation ? Autant de questions que je me pose et qui constituent déjà une stratégie de défense pour nos éleveurs. En rentrant chez moi, je me mets à analyser l'historique de toutes les délibérations prises par le Conseil de Paris pour comprendre la chronologie des événements.

C'est dans ces documents que je découvre pour la première fois le nom de PAZ, l'association à la source du conflit et de la si soudaine interdiction. C'est sous sa pression que la ville de Paris décide de ne pas faire dans la dentelle, et renonce d'un coup à ce marché centenaire. Le mot « VICTOIRE ! » s'affiche à présent sur son site internet. De son côté, Amandine Sanvisens, cofondatrice de PAZ, association antispéciste de défense des animaux, considère que la lutte contre le marché aux oiseaux fait en réalité partie d'un mouvement bien plus large. « Il est inacceptable d'attribuer un prix aux animaux », dit-elle, et les animaleries devraient également être interdites. Chacun ses arguments. Mais ceux-ci méritent que l'on finisse par y répondre dans un monde où toutes sortes de marchandises sont vendues et achetées sans de sérieux contrôles qui éviteraient les débordements inacceptables. Une fois de plus si tout nous sépare, ces associations radicales et moi, le défenseur passionné des traditions terriennes et rurales, il existe aussi des points de convergence : nous refusons les maltraitances animales, les trafics en tout genre, les manquements aux règles élémentaires du respect du vivant !

Un autre argument motive mon implication : si, sous la seule pression des associations animalistes et la recherche d'activités plus rémunératrices pour les redevances des villes comme pour le tourisme, on invite des marchands d'oiseaux à arrêter leur activité et à se reconvertir, demain, ne demandera-t-on pas, sur certains territoires, dans certains lieux précis, à nos agriculteurs d'en faire autant ?

*

Le dimanche suivant, je me rends comme prévu sur le marché aux oiseaux. Mais j'en profite aussi pour aller discuter avec les fleuristes voisins. L'emplacement a pris le nom d'Elisabeth II en hommage à la reine venue passer un peu de temps dans les travées parfumées.

Les fleuristes eux-mêmes ont bien compris la manœuvre municipale, et ont de plus en plus la conviction qu'ils seront les prochains sur la liste, comme s'il fallait faire place nette à cet endroit si prisé. La ville de Paris semble décidée à dépoussiérer ce lieu exceptionnel, qui a le malheur de se trouver dans l'axe du luxe, entre les nouveaux hôtels et les commerces de la rive gauche ; l'Hôtel-Dieu, lui, finira en galeries commerciales. Alors quelques oiseaux piailleurs et des bouquets vite fanés ne pèsent pas lourd dans la balance des intérêts économiques… On peut le regretter ou l'accepter comme une inévitable évolution urbaine. Mais je fais partie de ceux qui se refusent à baisser les bras trop vite : ce marché ancien n'est en rien incompatible avec des projets novateurs.

Ils se compléteraient même dans un bel équilibre entre passé et avenir. Pourquoi effacer l'un au profit de l'autre ?

Il est vrai que, sur un strict plan financier, ce n'est pas vraiment l'abondance pour la ville : cette délégation de service public ne rapporterait que six mille euros de droits perçus annuellement par la mairie auprès des marchands d'oiseaux. S'ils disparaissent, ce ne sera pas la ruine !

Les premières images du nouveau projet d'urbanisme conçu par les architectes laissent entrevoir un marché uniforme sans âme, semblable à une galerie commerçante comme on en voit partout dans le monde. Exit, les échoppes exiguës, les slaloms entre les plantes pour passer d'une boutique à l'autre.

Au fond, la ville de Paris reconnaît finalement son inaction et son désengagement du marché depuis des décennies. Indiscutablement, le lieu accuse le poids des ans. Et volontairement ou non, elle n'a rien fait pour que la situation change. Peinture écaillée, poteaux soutenant la toiture tordue, le marché est abandonné par la commune depuis belle lurette. Or, halles et marchés couverts appartenant aux communes constituent, par principe, des bâtiments publics affectés à un service d'utilité générale. Ils font partie du domaine public communal et doivent être entretenus par leurs soins. La ville, contre toute règle édictée, n'a pourtant pas cessé de se désengager de l'organisation du marché. Il sera bon de le rappeler à qui de droit, si le litige entre dans la phase d'une procédure judiciaire, ce qui semble inévitable. Autrement dit, la commune dénigre l'état du marché pour en justifier la fermeture.

En tout cas, la ville de Paris n'a que faire de cette opposition inattendue : les commerçants font trop de bruit et elle n'apprécie pas du tout. La presse étrangère s'en est pourtant mêlée : *Die Zeit* consacre une page entière au conflit. Trois photos illustrent le reportage du journal allemand, dont un cliché où l'on voit la main de Cécilia renfermant délicatement l'un de ses moineaux du Japon. Mais la ville campe ferme sur sa position. Ces actions médiatiques, ce dossier ardemment défendu, n'auront pas suffi pour renverser la situation, ni pour faire plier la toute puissante maire de Paris immuable sur son trône.

*

Aux termes d'une ordonnance d'une seule page rendue courant décembre 2022, le tribunal administratif de Paris rejettera la demande de suspension, introduite au nom des commerçants, de la décision portant suppression du marché aux oiseaux.

Là encore, la motivation du rendu du tribunal interpelle : « Il résulte des décisions attaquées que les commerçants vendant, à l'instar des requérants, des grains et accessoires, ont reçu la proposition de faire une demande de carte de commerçant volant pour exercer cette activité sur un marché découvert parisien, ainsi qu'une proposition d'accompagnement à une reconversion. Les requérants n'établissent, ni même ne soutiennent, avoir reçu ces propositions ni, à défaut, n'avoir pas été mis en mesure d'en bénéficier. »

Un camouflet pour nos éleveurs.

La ville, il est vrai, avait proposé aux éleveurs et marchands de petits volatiles interdits de séjour sur l'Île de la Cité de les aider à trouver une nouvelle activité. « Nous regarderons comment nous pouvons accompagner les commerçants vers une reconversion professionnelle », avait assuré l'adjoint à la mairie de Paris, en charge de la végétalisation, des espaces verts et, surtout, de la condition animale.

Mais peut-on obliger nos petits éleveurs à accepter cette reconversion professionnelle ? Ne comprend-on pas que certains font ce métier depuis si longtemps qu'ils n'envisagent pas d'en changer, comme ça, du jour au lendemain ? Bien entendu, ils pourraient vendre des fruits et légumes, et bien d'autres denrées, sur d'autres marchés. Mais leurs connaissances acquises au fil du temps en matière d'ornithologie, sont un atout auquel ils ne veulent pas renoncer sur un ordre municipal.

Si la première manche du combat est perdue, au moment où je mets la dernière touche à ce livre, le tribunal administratif de Paris ne s'est pas encore prononcé sur le fond du litige. Une audience décisive que les éleveurs attendent, prêts à se battre jusqu'au bout. Et moi à leurs côtés.

Dans l'attente d'une issue qu'ils veulent encore espérer favorable – nous ne manquons pas d'arguments sur le fond –, reste un problème, et de taille : la décision du tribunal des référés prend immédiatement effet. Si bien qu'ils ne peuvent plus exercer. Ni se rendre sur ce marché, leur bureau à ciel ouvert. La ville de Paris, intraitable, les a menacés de représailles. « Des contrôles seront effectués sur le site, des personnes qui y exerceraient sans autorisation pourront être verbalisées. » Faudra-t-il leur envoyer le RAID (Recherche, assistance, intervention, dissuasion) à ces « oiseaux de mauvais augure » ?

La rouille s'écaille sur les pavillons historiques qui abritaient le marché aux oiseaux. Les animaux et leurs cages ont disparu des stands. Ne subsistent que des traces de fientes, que la ville laisse ainsi comme la preuve évidente d'une dégradation déplorable. Pourtant les commerçants ont toujours veillé, avant leur départ, à la tenue impeccable de cette place animée de plumes multicolores, désormais grise et abandonnée. Les mauvaises herbes commencent à pousser au pied des stands. La nature a horreur du vide. Un coin de vie et de traditions disparaît petit à petit !

À Paris, aujourd'hui, c'est le marché aux oiseaux qui fait les frais de cette politique animaliste déconnectée du terrain, cherchant plus volontiers à comprendre le désespoir des surmulots. Demain, potentiellement, on demandera au Salon international de l'agriculture de la porte de Versailles de quitter les lieux. Trop sale. Trop bouseux. Oui, j'exagère encore. Mais je ne peux m'empêcher cet emportement, lié à mes racines. On peut se moquer de moi, cela ne changera rien.

Du reste, une pareille démarche semble sur les rails. Chaque année le directeur général du Salon, Arnaud Lemoine, reçoit des mises en demeure de PAZ. Selon elle, l'organisateur de la manifestation la plus populaire de France – avec plus de six cent mille visiteurs par an – ne respecterait pas certaines normes du bien-être animal en vigueur. Il y aurait une trop grande concentration d'animaux et trop de bruit pour eux, ce qui représenterait un risque évident de mortalité. On n'a jamais eu à déplorer de tels faits. Des allégations excessives qui ne correspondent en rien à la réalité et aux apports touristiques et culturels de cet évènement que la ville de Paris voudrait enterrer par dogmatisme. Le courant animaliste n'a représenté qu'à peine plus de 2 % des voix aux européennes de 2024. Il a bien entendu un rôle à jouer pour améliorer les rapports entre les hommes et les animaux, je le reconnais volontiers. Mais de là à imposer sa vision radicale, en considérant que l'animal est l'égal de l'homme, il y a un pas que je me refuse – comme des millions d'autres personnes – à franchir.

Épilogue
Pour un Varenne de la cohabitation

À travers toutes ces histoires passées en revue, on se rend bien compte que l'agriculture se judiciarise de plus en plus. Elle ne peut faire l'impasse sur ce point. Le monde évolue et l'agriculture doit aussi, comme beaucoup d'autres secteurs économiques, s'inspirer des méthodes d'action des associations environnementales qui la combattent.

Au début de l'automne 2024, la Ligue pour la protection des oiseaux (LPO) a ouvert en partenariat avec l'École nationale de la magistrature une plate-forme d'apprentissage en ligne réservée aux magistrats et agents du ministère de la Justice.

Elle l'a fait savoir sur les réseaux sociaux et a abondamment communiqué sur le sujet tout en justifiant sa position : « La justice joue un rôle essentiel dans la lutte contre les atteintes à l'environnement, particulièrement face à l'érosion de la biodiversité due aux activités humaines, a-t-elle ainsi écrit sur X, le 10 octobre 2024. Toutefois, la technicité de la matière, la pénurie de moyens humains et matériels [...] sont autant de freins à l'émergence d'une justice environnementale à la hauteur des enjeux. » Aussi l'ONG veut-elle pallier cette lacune en sensibilisant les professionnels de la justice aux problèmes écologiques.

Cette démarche à première vue peut inquiéter la profession agricole. Même si la LPO est une organisation respectable, quelle est sa réelle légitimité à former dans un domaine où elle est juge et partie ? Dans de nombreuses affaires où elle est face à des agriculteurs, comme nous l'avons vu au début de ce livre dans l'histoire du pygargue à queue blanche, ses demandes de dommages et intérêts sont sans empathie pour le ou les accusés.

Cette formation donnée par la LPO – financée par le ministère de la Justice et l'OFB – démontre une fois de plus qu'on marche sur la tête. Mais surtout, sous cet aspect, on ne privilégie qu'une vision à sens unique du nécessaire combat environnemental. Pourquoi les chambres d'Agriculture n'organiseraient-elles pas une formation des juges sur les conditions du métier d'agriculteur, la disparition des exploitations – vingt-sept par jour en France – et les distorsions de concurrence avec les autres pays ? Ces établissements publics sont également tout à fait aptes à sensibiliser les acteurs extérieurs aux réalités de l'agriculture française.

Dans ce contexte, le monde agricole, les acteurs associatifs et les services de l'État sont-ils pour autant condamnés à agir chacun de leur côté afin de défendre leur pouvoir d'influence et leur vision de nos territoires ruraux ?

Lors de mes différentes rencontres en automne dernier avec la ministre de l'Agriculture, Annie Genevard, et le directeur de l'OFB, Olivier Thibault, j'ai proposé l'idée d'un cycle de négociations entre ces nombreux acteurs afin qu'ils se parlent et trouvent des solutions pour cohabiter plus sereinement. Ces séances de travail pourraient être pilotées par le ministère de l'Agriculture, situé au 78, rue de Varenne, et ouvriraient des perspectives concrètes pour améliorer les rapports au quotidien entre agriculteurs et services de l'État. N'y a-t-il pas eu, en 1968, les accords de Grenelle, qui s'étaient alors tenus au ministère du Travail ? L'idée étant de sortir de la crise sociale dans laquelle se trouvait le pays. Pourquoi ne pas en faire autant pour le monde agricole ?

Il m'arrive de me demander si un jour nous arriverons, les uns et les autres, à nous entendre : les agriculteurs et les néo-ruraux, les chasseurs et les animalistes, les hommes de la terre et les écologistes. Au fil de ces lignes, je me suis pris à rêver de combats communs : le bien-être animal, le respect de la terre, la sauvegarde de nos cultures pour que tout le monde puisse manger à sa faim en toute sécurité, même ceux qui ne peuvent pas acheter du bio. Une vision naïve ? Peut-être ! Mais elle se résume à une idée si simple en somme : le bien commun !

Aucun discours radical ne pourra régler les conflits sourds qui polluent nos liens. On n'empêchera pas plus qui que ce soit de vouloir déguster un bon morceau de viande, qu'un autre de n'aimer dans son assiette que les légumes du jardin. On peut aussi changer d'avis, dans l'un comme dans l'autre sens. Il n'est pas exclu de le penser. Pas plus qu'il est bon d'interdire à tout prix pour faire triompher une cause.

Je suis avocat. Or mon premier souci est d'éviter aux uns comme aux autres les tribunaux. Je tente d'établir un dialogue. De chercher une solution. Car quoi que l'on dise, quoi que l'on fasse, on ne pourra pas effacer d'un trait ce qui fait la culture et l'identité d'une nation. Que l'on soit de la ville ou bien de la campagne, ce ne sont là que les deux faces d'un seul et même miroir. Celui de notre civilisation tout entière.

Je suis un enfant de Dordogne. Mes grands-parents étaient agriculteurs. Je vis et travaille à Paris.

Je suis avocat.

Je suis paysan.

Un solide mélange pour défendre l'Homme dans ses contradictions.

Remerciements

Arnaud Lemoine, Alexis Brézet, Vincent Trémolet de Villers et Delphine de Mallevoüe, Jean-François Vaquieri, Michel Guénaire, François Molinié, Jean-Louis Scaringella, Gilbert Pelissier, Jean-Pierre Souletis, Laurent Martinet, Chantal de Saint-Hilaire.

Et aux regrettées Noëlle Thierry-Mieg et Minnie de Beauvau-Craon.

Et des remerciements tout particuliers à Pierre Féry, notre éditeur aux éditions du Rocher, notre ami Patrick Talon pour ses conseils avisés, et nos chers parents, Dominique et Michel Dufour, Marie-Agnès et Dominique de La Chesnais.

Table

PAPIER CERTIFIÉ

IMPRIM'VERT

Achevé d'imprimer par Normandie Roto Impression s.a.s.
en janvier 2025
N° d'imprimeur : 2406065
Dépôt légal : février 2025

Imprimé en France